Oliver Wagner

Lego-Roboter im Informatikunterricht

GRIN - Verlag für akademische Texte

Der GRIN Verlag mit Sitz in München hat sich seit der Gründung im Jahr 1998 auf die
Veröffentlichung akademischer Texte spezialisiert.

Die Verlagswebseite www.grin.com ist für Studenten, Hochschullehrer und andere Akade-
miker die ideale Plattform, ihre Fachtexte, Studienarbeiten, Abschlussarbeiten oder Disser-
tationen einem breiten Publikum zu präsentieren.

Dokument Nr. V62336 aus dem GRIN Verlagsprogramm

Oliver Wagner

Lego-Roboter im Informatikunterricht

GRIN Verlag

Bibliografische Information der Deutschen Nationalbibliothek: Die Deutsche Bibliothek verzeichnet diese Publikation in der Deutschen Nationalbibliografie; detaillierte bibliografische Daten sind im Internet über http://dnb.d-nb.de/ abrufbar.

1. Auflage 2005
Copyright © 2005 GRIN Verlag
http://www.grin.com/
Druck und Bindung: Books on Demand GmbH, Norderstedt Germany
ISBN 978-3-638-70994-1

LEGO Roboter im Informatikunterricht

Eine Untersuchung zum Einsatz des LEGO-Mindstorms-Systems
zur Steigerung des Kooperationsvermögens
im Informatikunterricht eines Grundkurses (12. Jahrgang, 2. Lernjahr)
der Otto-Nagel-Oberschule (Gymnasium)

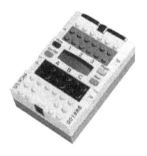

Schriftliche Prüfungsarbeit
im Rahmen der
zweiten Staatsprüfung
für das Amt des Studienrates,
vorgelegt von
Oliver Wagner
Studienreferendar
2. Schulpraktisches Seminar
Treptow-Köpenick (S)
13. September 2005

INHALTSVERZEICHNIS

1. *EINE PROVOKATION ALS EINLEITUNG*

Die Systematik des deutschen Schulwesens geht noch immer von einem grundsätzlich notwendigen Allgemeinwissen aus, das der deutsche Schüler[1] zum Erreichen seiner Reife (z.B. der ‚mittleren' oder der ‚Hochschul-') benötigt. Säuberlich den akademischen Fachrichtungen zugeordnet müssen folglich Wissenspakete existieren, die – einmal als beherrscht nachgewiesen – dem Menschen zu seiner Studier- oder Ausbildungsfähigkeit genügen. Diese Wissenspakete zu vermitteln ist die traditionelle Aufgabe der Schule – je nach erkannter Eignung auf dem notwendigen Niveau (Haupt-, Realschule oder Gymnasium). Die Grundannahme, dass in der Schule primär eine

10   Summe bestimmter Sachwissenspakete vermittelt werden muss, führt zur Organisation der Schule in einem System aus Fachunterricht und Fachlehrern mit Hochschulabschluss, Jahrgangsstufen und Klassen, 45 Minuten langen Lektionen, Zentralabitur und Vergleichsarbeiten…[2]

Und das, obwohl andere Fähigkeiten, wie z. B. Teamfähigkeit und Sozialkompetenz allenthalben dort gefordert werden, wofür die Schüler ausgebildet werden sollen: in Wirtschaft und Gesellschaft. Die Curricula werden bei jeder Überarbeitung zunehmend auf Kompetenzen ausgerichtet, die unabhängig sind von den Sachinformationen der jeweiligen Fächer. Doch wie können diese allgemeinen Fähigkeiten, die eben nicht an das Sachwissen geknüpft sind, in diesem Schulsystem vermittelt werden, das in seinem

20   Aufbau gerade die Sachinhalte in den Mittelpunkt stellt? Eigentlich wäre es an der Zeit, die Schule im Informationszeitalter neu zu erfinden, anstatt nur die Symptome der problematischen Grundannahmen z. B. durch fächerübergreifenden Unterricht und Projektwochen korrigieren zu wollen – aber dafür ist in einer schriftlichen Prüfungsarbeit im Rahmen der Zweiten Staatsprüfung für das Amt des Studienrats nicht der richtige Ort. In 50 Seiten einer solchen Arbeit kann es wohl leider nur darum gehen, die als richtig und notwendig erkannte Vermittlung von Schlüsselkompetenzen sinnvoll im bestehenden Rahmen umzusetzen.

Heinz Klippert hat mit seinen Publikationen zur Schulentwicklung, zum Methoden- und Kommunikationstraining sowie zur Teamentwicklung ebenfalls in ganz allgemeinem

30   Rahmen Strategien vorgeschlagen, diese Ziele im Fachunterricht zu verankern. Gerade in der Welt der Informatik ist die Arbeit in Teams und das individuelle Kooperationsvermögen eine Schlüsselkompetenz.

In der Analyse der Lerngruppe werde ich begründen, warum ich gerade diese Fähigkeit bei den Schülern fördern wollte. Die Überlegungen zum Thema sind zahlreich; so lieferte eine Suchanfrage bei der Internetsuchmaschine Google am 13. April 2005 nach

---

[1] In dieser Arbeit wird aus Gründen der sprachlichen Einfachheit generell die maskuline Form gewählt, gemeint sind jedoch stets beide Geschlechter.
[2] Vgl. KLIPPERT, S. 20.

3

Kombinationen der Begriffe ‚Kooperationsfähigkeit' und ‚Schüler' über 12.000 Treffer. Bei genauerem Hinsehen jedoch waren die ‚Treffer' jedoch wenig brauchbar für eine konkrete Unterrichtsreihe im Fach Informatik.

Während eines Projekttages hatte ich die Möglichkeit mit dem LEGO Mindstorms System[3] im Rahmen eines Roberta Projektes[4] mit Schülern zu arbeiten und war angenehm überrascht von der Motivation und dem Lernehrgeiz der beteiligten Schüler, die den Klassenstufen 7 bis 9 angehörten, aber bereits nach einem Tag die Programmierung einfacher Roboter mit Hilfe einer grafischen Oberfläche beherrschten.

Diese Arbeit soll nun die Funktionalität des Einsatzes des Mindstorms Systems im
10   Informatikunterricht untersuchen und dabei speziell die Förderung des Kooperationsvermögens bei den Schülern im Blick haben.

In Kapitel 2 werde ich begründen, warum ich gerade im Informatikunterricht die Förderung des Kooperationsvermögens von Schülern anstrebe und das LEGO Mindstorms System vorstellen. Die Planung der gesamten Unterrichtsreihe findet sich in Kapitel 3, gefolgt von der Beschreibung der Methoden, mit denen ich das Kooperationsvermögen der Schüler im Laufe des Projektes erfasste, in Kapitel 4. Die Durchführung wird insgesamt in Kapitel 5 beschrieben, während sich das Kapitel 6 der Auswertung mit Hinblick auf das Kooperationsvermögen der Schüler widmet. Im abschließenden Kapitel 7 werde ich Bilanz ziehen und Möglichkeiten einer weiteren
20   Entwicklung herleiten.

Ich habe mich bemüht, diese Arbeit für jedermann verständlich zu halten und verzichte daher meist auf tiefgehend fachliche Beschreibungen und Programmtexte, die Informatiker und Programmierer sich sicher wünschen würden. Die Programmtexte habe ich im Internet verfügbar gemacht – Hinweise dafür finden sich im Anhang.

Ein RCX mit Leseaufforderung

---

[3] LEGO® und Mindstorms™ sind eingetragene Warenzeichen der LEGO Gruppe.
[4] Roberta ist ein Projekt des Fraunhofer Institut für Autonome Intelligente Systeme (AIS); weitere Informationen unter www.roberta-home.de.

2. KOOPERATION IN DER THEORIE UND MINDSTORMS IN DER PRAXIS

In diesem Abschnitt soll zunächst das Ziel, die Förderung des Kooperationsvermögens, begründet und danach das Operationalisierungsobjekt, das LEGO Mindstorms System, vorgestellt werden.

2.1 Kooperationsvermögen in der Schule

Die Veränderung des Wirtschaftslebens in postindustriellen Gesellschaften mit ständiger Zunahme an spezialisiertem Wissen und der Notwendigkeit von teamorientierter Produktion aber auch die zunehmende Komplexität in Gesellschaft und Sozialwelt lassen Heinz Klippert zu einer einfachen Einsicht kommen: „Die Zukunft gehört [...] den

10   Teams."[5] In seinen Veröffentlichungen zum Kommunikationstraining und zur Teamentwicklung versucht er Wege aufzuzeigen, mit denen die Schule die hierfür notwendigen Fähigkeiten bei Schülern anlegen und fördern kann. In seiner Forderung nach teamorientierter Kompetenzvermittlung erhält er von allen Seiten der Didaktik Unterstützung. Wolfgang Edelstein definiert Grundkompetenzen erfolgreichen Handelns und legt sich auf eine Kompetenz fest, die für alle übrigen den Ausschlag gaben: „In unterschiedlichem Ausmaß zwar, aber doch in jedem einzelnen Fall sind die Individuen für anerkennungsfähige Leistungen auf die Fähigkeit zur Kooperation angewiesen, müssen sie gemeinsam handeln, gemeinsam planen, sich einigen können, Streit schlichten, Ziele und Mittel diskutieren, Probleme lösen, Strategien entwickeln,

20   Belohnungen fair verteilen, Anerkennungen zuteilen, aber auch vergemeinschaften können."[6] Er führt weiter aus, dass die Entwicklung der Fähigkeit zur Kooperation nicht Aufgabe der Familie sein kann, sondern zuvörderst Aufgabe der Schule sein muss und fordert, „den Unterricht auf Kooperation umzustellen und die Kooperation auf Anerkennung zu orientieren, [...] das Leben in den Klassen und das Klima der Schulen in den Dienst des Erwerbs sozialer Kompetenz zu stellen, [denn] das wäre eine leise, vielleicht unspektakuläre, aber extrem folgenreiche Transformation der Schule."[7]

Die Forderung nach dem Erwerb von Sozialkompetenzen, die Kooperation und Teamarbeit möglich machen, ist nur ein Aspekt des Lernens in Gruppen, das in der

30   didaktischen Literatur weitgehend gelobt und gefordert wird. Hilbert Meyer stellt als zentrale Vorzüge der Gruppenarbeit gegenüber dem Frontalunterricht

- die aktivere Beteiligung von mehr Schülern,
- das günstigere soziale Klima für Schüleräußerungen,
- die Förderung des Zusammengehörigkeitsgefühls,
- die Selbständigkeit des Arbeitens,

---

[5] KLIPPERT, S. 14.
[6] EDELSTEIN, S. 8.
[7] EDELSTEIN, S. 9.

- die Nutzung der Neugier der Schüler und Wahl des Lernwegs und
- die verbesserte Beobachtungsmöglichkeit der Lehrkraft

dar.[8]

Klippert sieht das Kooperationsvermögen als Grundvoraussetzung für erfolgreiches Lernen in Gruppen und ergänzt, dass eine Stärkung des Anteils an Gruppenarbeit im Unterricht erforderlich ist, da

- die Kompensation im Bezug auf soziales Lernen für Einzelkinder geleistet wird,
- die elementaren Kommunikations- und Kooperationsverhalten trainiert und somit
- Schlüsselqualifikationen der modernen Berufswelt vermittelt werden.[9]

10   „Die Erziehung zur Selbst- und Sozialkompetenz ist aber nicht als eine vom Fachunterricht getrennte Aufgabe zu sehen"[10], schreibt Ludger Brüning in der Zeitschrift Pädagogik und verlangt eine Unterrichtskultur, welche die Förderung der Sozial- und Selbstkompetenz als ihre Aufgabe akzeptiert. Es muss daher darum gehen, im jeweiligen Fachunterricht möglichst viele Möglichkeiten zu finden, die Kooperationsfähigkeit der Schüler zu stimulieren und zu üben: „Teamarbeit muss eben gelernt und immer wieder konsequent geübt und organisiert werden."[11]

Neben der Fähigkeit, mit anderen Schülern gemeinsam an einer Lösung zu arbeiten, müssen die Schüler auch lernen, sich gegenseitig Rückmeldungen zu geben, „an Reflektionen teilzunehmen, Kritik anzunehmen und ins Positive zu wenden."[12]

20   Der Informatikunterricht bietet sich aus mehreren Gründen besonders für die Förderung der Kooperationsfähigkeiten an:

1) In der beruflichen Praxis, die einer weiteren Ausbildung im Bereich Informatik folgen könnte, ist Teamarbeit der Normalfall.

2) Gerade Informatikern eilt andererseits das Vorurteil voraus, über zu wenig soziale Kompetenzen zu verfügen, sich hinter Bildschirmen zu verstecken und ihre Arbeit nur unzureichend anderen verständlich machen zu können.

3) In den meisten Problemstellungen sind mehrere Lösungsmöglichkeiten denkbar, die in unterschiedlicher Güte zur Lösung führen und so eine Diskussion des zu gehenden Weges erfordern.

30   4) Gerade in der Informatik und technischen Berufen ist es wichtig, sich und seine Arbeit anderen zu vermitteln, die Gedanken des anderen aufzunehmen und in den eigenen Arbeitsprozess einzugliedern.

5) In vielen Fällen übernimmt der Computer die Kontrolle der Gruppenergebnisse, der unbestechlicher aber auch unnahbarer ist als ein Lehrer und vor allem allen

---

[8] Vgl. MEYER, S. 245.
[9] Vgl. KLIPPERT, S. 35.
[10] BRÜNING, S. 20.
[11] KLIPPERT, S. 22.
[12] BRÜNING, S. 23.

Gruppen zu jeder Zeit zur Verfügung steht – welch ein Vorteil für die Arbeit in Gruppen!

Der Informatikunterricht kann und sollte das Arbeiten in Gruppen nicht nur als Methode, sondern auch als Inhalt verstehen. So sollte im Informatikunterricht nicht nur moderne Softwareproduktionstechnik thematisiert werden (Software Life Circle, Software Engineering, UML und XML, CASE tools und CRC), sondern auch die Erfahrung dieser Techniken und eine kritische Reflektion angestrebt werden: Erstellung von Software in Entwicklerteams und welche Probleme dabei entstehen gerade wenn es an Sozialkompetenzen mangelt.

10 **2.2 Das LEGO Mindstorms System**

Das LEGO Mindstorms System ist das Ergebnis einer Zusammenarbeit des dänischen Spielzeugherstellers LEGO und dem Massachusetts Institute of Technology, das seit 1998 in Form der Produktreihe LEGO Mindstorms Robotics Invention System vertrieben wird. Wichtigstes Element ist der „**r**obot **c**ommand e**x**plorer", oder kurz RCX.[13] Dies ist ein großer LEGO Baustein[14] mit integriertem 8-Bit-Mikroprozessor und Batteriefach, was einem damit entwickelten LEGO Roboter eine gewisse Autonomie erlaubt.

Der RCX verfügt über eine Infrarot-

20 Schnittstelle zur Kommunikation mit einem PC oder anderen RCX Bausteinen und zum Aufspielen der Programme, vier Tasten zur Bedienung und Programmwahl, ein kleines LCD Display mit 5 Stellen,

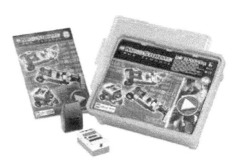

einem kleinen Lautsprecher für Pieptöne, drei Ein- und drei Ausgänge, an die Sensoren und Motoren angeschlossen werden können.[15] Für Schulen wird ein Set angeboten, in dem zwei Licht-, zwei Tastsensoren, eine Lampe, zwei Motoren und insgesamt 828 Bauteile der LEGO Technik Familie (also Zahnräder, Achsen und viele der typischen

30 Legosteine) enthalten sind. Dieses System eignet sich für den Einsatz im Unterricht aus mehreren Gründen:[16]

- Die grundsätzliche Funktionsweise der LEGO Bausteine sind fast allen Kindern und Jugendlichen geläufig. Viele haben auch mit LEGO Technik bereits Erfahrungen gesammelt und können sehr schnell auch die ihnen neuen Bausteine des Mindstorms Systems adäquat verwenden.

---

[13] Für eine ausführlichere Beschreibung siehe SCHREIBER, S. 4f.
[14] Siehe Abbildung auf der Titelseite dieser Arbeit.
[15] Für eine genauere Spezifikation siehe MAGENHEIM/SCHEEL, S. 41, und KOERBER, S. 66ff.
[16] Vgl. ABEND, S.9.

- Die Baukästen sind untereinander kombinierbar und mit anderen Bauteilen der LEGO Familie beliebig erweiterbar.

- Bei Verwendung des RCX können „embedded systems", also Geräte, deren Funktionsweise durch einen Mikroprozessor im Hintergrund gesteuert werden, bis hin zu Robotern gebaut und simuliert werden.

- Durch die Veröffentlichung der technischen Schnittstellen entstanden im Internet frei verfügbare Softwareerweiterungen, die zum Beispiel den Einsatz der im Unterricht verwendbaren Programmiersprache JAVA erlauben.

- Über LEGO Mindstorms wurden zahlreichliche Veröffentlichungen in Buchform oder im Internet geschrieben, die viele Bauanleitungen und Ideensammlungen beinhalten und einen leichten Einstieg auch für Lehrkräfte gewährleisten.

- Das LEGO Mindstorms System wird mit einer Lernumgebung und einem Tutorial ausgeliefert und Schulen können weiterhin die Software ROBOLAB beziehen, so dass ein altersgerechter Einstieg für Kinder ab 11 Jahre gewährleistet ist.

- Roboter, die mit dem LEGO Mindstorms System gebaut wurden, nehmen regelmäßig an Wettbewerben oder Projekten teil, z.B. dem RoboCop Junior 2005 in Paderborn[17] und 2006 in Bremen.[18] Die dort zu bewältigenden Aufgaben sind also offenbar mit dem System angemessen zu lösen und eine Wettbewerbsteilnahme scheint ein weiterer Aspekt zu sein, der Schülermotivation beflügeln könnte.

Denn den wesentlichsten Vorteil der Verwendung von LEGO Mindstorms im Unterricht beschreiben sowohl ABEND als auch SCHREIBER in ihren Reflektionen: Die herausragende Motivation der Schüler an dem vermeintlichen Spielzeug zu arbeiten und dabei handlungsorientiert eine konkrete Anwendung von Informatik und Programmierung, die sich nicht nur auf dem Bildschirm auswirkt, zu erleben.[19]

Neben der Informatik gibt es auch in anderen Fächern viele Einsatzmöglichkeiten, wie auf dem 4. Berliner MNU[20] Kongress am Beispiel von Verhaltenssimulationen in der Biologie vorgeführt – als Möglichkeit für „konstruktivistisches Lernen im Team"[21] zum Beispiel für biologische Regelkreise, Instinktverhalten und einfache Lernprozesse.

LEGO Mindstorms stellt dabei nur die Hardware dar – die Verwendungsmöglichkeit im Unterricht wird aber maßgeblich von der verwendeten Software bestimmt, die je nach Einsatzwunsch gewählt werden kann. Mitgeliefert in der Mindstorms-Version für den Spielwarenhandel und weitgehend im Roberta-Projekt verwendet ist die graphische

---

[17] Vgl. TEMPELHOFF (1), S.4f.
[18] Informationen zum Wettbewerb auf http://www.robocop.de/junior/ (gelesen am 21.08.2005).
[19] Vgl. ABEND, S. 41 und SCHREIBER, S. 47.
[20] Berliner Verein zur Förderung des mathematischen und naturwissenschaftlichen Unterrichts e.V.
[21] LANDOLT, S. 39.

Programmieroberfläche des Robotics Invention System (RIS).[22] Diese hat den Vorteil, dass sie für Schüler schon im Bereich der Sekundarstufe I geeignet ist um kleine Programme für die Roboter zu schreiben oder deren Reaktionen und Verhalten zu verändern. Die Darstellung erfolgt optisch angelehnt an LEGO Bausteine, aber inhaltlich ist die Ähnlichkeit zu Nassi-Schneidermann Diagrammen nicht zu übersehen. „Die Schülerinnen und Schüler verstehen dieses Prinzip sehr schnell und sind somit rasch in der Lage, Programmieraufgaben selbständig zu lösen."[23] In der Software ebenfalls enthalten ist ein multimediales Tutorial, mit dem die Schüler (und natürlich auch interessierte Lehrer) lehrgangsartig an die Programmierung herangeführt werden.

10   Nachteile dieser Software treten erst in komplexer werdenden Anwendungen auf, wenn die Programme schnell unübersichtlich werden. Auch ist eine Modularisierung oder arbeitsteilige Programmierung nicht einfach zu realisieren, d.h. nur unter „austricksen" des Systems zu erreichen.

Ebenfalls graphisch orientiert ist die so genannte RoboLab Software, die von der LEGO Educational Division als Erweiterung speziell für Schulen angeboten wird. Diese lässt Modularisierungen wesentlich leichter zu. In der neuen Version 2.5 können auch Bilder der LEGO Kamera und Sensoren anderer Anbieter ausgewertet werden.[24] Auch in diese Art der Programmierung können sich Schüler oft schneller einarbeiten als Lehrer, so beobachtete Landolt während seiner Präsentationen für Kollegen. Das unterstützte

20   Programmierkonzept ist jedoch streng imperativ mit allen seinen Nachteilen: So werden z.B. Schleifen recht umständlich umgesetzt während Sprünge sich als einfache Lösung aufdrängen – also eigentlich das Gegenteil dessen, was der Informatikunterricht mit Blick auf Softwareentwicklung und -wartung den Schülern vermitteln will. Ein weiterer Nachteil beider Entwicklungsumgebungen sind die Kosten, eine Schullizenz der RoboLab Software kostet derzeit 261,- Euro zuzüglich der Kosten der Lehrerhandbücher oder Arbeitsbücher von je rund 50,- Euro.[25]

Durch die Offenlegung der Programmierschnittstellen durch LEGO und die Möglichkeit, das Betriebssystem des RCX im Arbeitsspeicher zu überschreiben, „zog Tüftler und Programmierer an und führte zur Umsetzung unterschiedlicher Programmiersprachen

30   für Mindstorms."[26] Durch die kostenlos im Internet erhältlichen Programme zum Aufspielen der entsprechenden Software auf den RCX wird auch die Programmierung in NQC, einer C-ähnlichen Sprache für den RCX, FORTH und JAVA möglich. Dadurch kann das LEGO Mindstorms System auch zur Ergänzung des Unterrichts in diesen Programmiersprachen in der Oberstufe eingesetzt werden.

---

[22] Dies bringt das Problem mit sich, dass die Verwendungsrechte der Software nicht geklärt sind.
[23] TEMPELHOFF (2), S. 24.
[24] Vgl. LANDOLT, S. 37.
[25] Vgl. Preisliste der LPE Medien, exklusiver Anbieter der LEGO Educational Division in Deutschland, im Internet unter http://technik-lpe.info/LEGO/Schulprogramm/Preisliste (gelesen am 01.09.2005).
[26] Schreiber, S. 5.

3. DIE PLANUNG EINER UNTERRICHTSREIHE

Die Unterrichtsreihe wurde in meiner Ausbildungsschule durchgeführt, dem Otto-Nagel-Gymnasium in Berlin Biesdorf. Dort unterrichtete ich für insgesamt etwa 3 Monate objektorientierte Programmierung in Java in einem Oberstufenkurs (12. Jahrgang, zweites Ausbildungsjahr), in dem zuvor mittels der Programmiersprache Modula grundlegende Programmierkonzepte vermittelt worden waren. Dies war gerechtfertigt im Sinne des noch gültigen Rahmenplans, da besonders das Konzept der Modularisierung im Mittelpunkt stand, was sich mit dem Schwerpunkt „der Vermittlung des Prozedur- und Modulkonzeptes"[27] in der Konzeption des Rahmenplans für das zweite Lernjahr deckt.

10   Da im Rahmenplan für das zweite Lernjahr weiterhin mit 30 Stunden die Behandlung „spezieller Algorithmen in typischen Anwendungssituationen"[28] vorgegeben ist und innerhalb der Implementierung der verschiedenen Bestandteile des Projektes ebendiese in Form von Such- und Steueralgorithmen verwendet werden mussten, bot hier die Robotik eine anschauliche Anwendungssituation für die Schüler.[29]

Der Fachbereich hatte entschieden, mit der Einführung der neuen curricularen Vorgaben für die gymnasiale Oberstufe im Fach Informatik[30] die Programmiersprache Java einzuführen. Damit war die Unterrichtsreihe auch für meine Kollegen als Anregung für die weitere Ausgestaltung des Schulcurriculums interessant Die Anschaffung einer Grundausstattung an LEGO Mindstorms Systemen wird nun angestrebt.

20   ### 3.1 Darstellung der Unterrichtsvoraussetzungen

Im Folgenden werden die Unterrichtsvoraussetzungen bezüglich der allgemeinen Lernsituation, der Schülerkooperation im speziellen sowie die technischen Rahmenbedingungen beschrieben.

3.1.1 Allgemeine Unterrichtsvoraussetzungen in der Lerngruppe

Der Kurs bestand aus neun Schülern, davon acht Jungen und ein Mädchen. Einige unterrichtete ich ebenfalls in einem PW-Kurs (Politische Weltkunde). Das Unterrichtsgeschehen war von jeher sehr „ruhig". Meine Mentorin, die den Kurs zuvor unterrichtet hatte und nach dem Abschluss des Projektes wieder übernahm, stellte es mit der Kurzformel „die wollen nicht reden" dar. Auf Lehrerfragen stellte sich in der

30   Regel eine peinliche Stille ein, in der viele Schüler intensiv auf die Monitore oder am Lehrer vorbei an die Tafel bzw. die Projektionsfläche blickten. Die seltenen freiwilligen Wortmeldungen bahnten sich in der Regel durch eine zögerlich halbhoch erhobene Hand an, der anschließend eine sehr vorsichtige Einleitung („Vielleicht könnte man ja auch sagen dass,…") folgte. Ohne vorherige Meldung dran genommene Schüler

---

[27] RAHMENPLAN INFORMATIK, S. 24.
[28] RAHMENPLAN INFORMATIK, S. 31.
[29] Weiterer Bezug zum Rahmenplan ab Seite 12.
[30] Vgl. CURRICULARE VORGABEN.

konnten jedoch oft das Unterrichtsgeschehen trotzdem voran bringen. Im Vergleich zu anderen Kursen konnte man also von einem sehr zurückhaltenden Klima sprechen. Dieses Klima wurde unterstützt durch die leider nicht veränderbare Sitzordnung im Kursraum, der aus einer U-förmigen Anordnung besteht, bei der die Rechner und Monitore nach innen orientiert sind. Dadurch entsteht für die Schüler die Möglichkeit, sich hinter dem eigenen Monitor zu „verstecken", bzw. diesen immer zwischen sich und dem Gesprächspartner zu haben. Weiterhin ist der Raum ein Kellerraum mit niedriger Deckenhöhe, so dass die Projektionsfläche vorne relativ klein ist. Andererseits bietet die Sitzordnung die Möglichkeit, an den drei Seiten des U je eine Schülerarbeitsgruppe zu
10   beheimaten.

3.1.2 Unterrichtsvoraussetzungen im Bereich Schülerkooperation

In der vorhergehenden Unterrichtseinheit musste die Programmiersprache JAVA eingeführt werden und ich hatte in diesem Zusammenhang zwei größere Programmieraufgaben gestellt, von denen ich eine, die Implementation eines „Zahlenraten" Spiels auch bewertete. Beide Aufgaben mussten letztendlich individuell, also in Einzelarbeit am eigenen Rechner gelöst werden, jedoch war während des Unterrichts die Möglichkeit gegeben, bei anderen Schülern die Lösung der einzelnen Probleme (Benutzereingabe; Schleifen zur Spielwiederholung, der einzelnen Spielzüge, der Eingabewiederholung; Bewertung der Spielereingabe; Ergebniserstellung und
20   -ausgabe) zu erfragen und auf das eigene Programm zu übertragen. Sobald mir gute Lösungen aufgefallen waren hatte ich auch Schüler zur Zusammenarbeit aufgefordert, bzw. angeregt, sich die Lösung eines anderen Schülers erklären zu lassen. Bei der Bewertung der einzelnen Programme musste ich jedoch feststellen, dass davon offenbar kaum Gebrauch gemacht worden war. Weder wurden ähnliche Fehler gemacht, noch waren die Strukturen der Programme so ähnlich, dass auf eine regelmäßige Zusammenarbeit geschlossen werden konnte. Schon während der Bearbeitungszeit war mir aufgefallen, wie selten Schüler gemeinsam an einem Problem arbeiteten, sondern in der Regel vertieft in das eigene Problem vor dem Rechner saßen und sich nur sehr selten gegenseitig halfen. Wenn ich einem Schüler Hinweise gab,
30   waren die daneben sitzenden Schüler nur bedingt aufmerksam und nutzten meine Nähe meist nur um eine völlig andere Frage anzuschließen. Eine auf das Ergebnis bezogene Kooperation zwischen den Schülern war ungewöhnlich selten zu beobachten, was den Ausgangspunkt meiner Überlegungen zur Themenwahl dieser Arbeit darstellte. Während die Schüler aber selten kooperativ im Bezug zum Unterricht zusammen arbeiteten, so waren dennoch keine Aversionen untereinander zu beobachten, was mir die Schlussfolgerung nahe legte, dass eine konstruktive Kooperation ihnen im Laufe ihrer Schulzeit nicht vermittelt oder sogar abgewöhnt worden war.

3.1.3 Unterrichtsvoraussetzungen technischer Art

Die Schule verfügt derzeit noch über keine eigene Ausstattung an LEGO Mindstorms Systemen. Möglich wurde diese Unterrichtsreihe erst durch die Leihgabe von vier Grundkästen aus dem Bestand des Berliner Landesinstituts für Schule und Medien (LISUM) für die ich mich an dieser Stelle bedanke. Die notwendige Software ist im Internet frei verfügbar und wurde von mir auf den Schulrechnern installiert. Dies war im Einzelnen

- die JAVA Programmierumgebung SDK, die ein Programmieren in Java auf Rechnern im Windows System ermöglicht (http://java.sun.com/),

10   - die Entwicklungsumgebung BlueJ, welche das Programmieren und partielle Testen von Programmteilen gerade für Schüler vereinfacht (www.BlueJ.org),

- das Java Betriebssystem LEJOS für das Mindstorms System, das zunächst auf den jeweiligen RCXen aufgespielt werden muss (http://lejos.sourceforge.net),

- das „BlueJ Mindstorms Tool" BJMT, eine Erweiterung des BlueJ Systems, das die direkte Nutzung der LEJOS Funktionen von der Programmoberfläche BlueJs ermöglicht (http://ddi.uni-paderborn.de/mindstormstools/bjmt) und

- die RCXTools, die einzelne Motoren und Sensoren des RCX direkt ansteuern lassen und so zum Testen der gebauten Roboter vor der Programmierung der Software dienen (http://rcxtools.sourceforge.net/).

20   Insgesamt stehen im Otto-Nagel-Gymnasium drei Computerräume zur Verfügung, die jeweils unterschiedliche Sitzordnungen aufweisen. Im Kursraum (016) sind die Tische wie oben erwähnt in U-Form angeordnet und die Monitore nach innen orientiert. Im später ebenfalls genutzten Nebenraum (017) sind die Computer hingegen jeweils vor den Außenwänden aufgebaut und in der Mitte des Raumes stehen mehrere Tische, die als Arbeitsfläche genutzt werden können, was sich besonders dann anbietet, wenn die Programmierung in den Hintergrund tritt. Im dritten Raum sind die Tische in Reihen angeordnet und die Computer nach vorne zur Lehrerpult orientiert.[31]

3.2 Sachanalyse und didaktische Reduktion

Wie auf Seite 10 bereits erwähnt forderte der noch gültige alte Rahmenplan Informatik
30   für den Kurs „in 2.1" die „Konstruktion eines Programmsystems zur Dateiverwaltung" mit einem Umfang von 30 Stunden in einem „Kurzprojekt" zu behandeln.[32] Da die Schüler sich im ersten Halbjahr bereits mit Dateiverwaltung beschäftigt hatten, aber damals kein Projekt durchgeführt worden war, konnte dieses Kurzprojekt in den Bereich der Robotik verlegt werden, der explizit im Rahmenlehrplan gar nicht erscheint. Die für den Kurs „in 2.2" vorgesehene Beschäftigung mit Listen, Zeigern und Bäumen war in Form funktionaler Programmierung bereits behandelt worden, ebenso waren Sortier- und

---

[31] Dieser Raum wurde im Verlauf dieser Reihe nie genutzt.
[32] Vgl. RAHMENPLAN, S. 25.

Suchalgorithmen in grundlegender Form bereits mit den Schülern erarbeitet worden. Da mit dem neuen Schuljahr die neuen Curricularen Vorgaben in Kraft traten, der alte Rahmenplan aber den letzten Abschnitt des Kurses der Vorbereitung des dritten Lernjahres widmete,[33] hatte der Fachbereich entschieden, mit JAVA eine objektorientierte Sprache bereits zu diesem Zeitpunkt einzuführen und so dem Wesen des Rahmenplans nach das dritte Unterrichtsjahr vorzubereiten. Das Einführen in das objektorientierte Programmieren war somit ein erstes wichtiges Lernziel der Unterrichtsreihe.

Nach dem Rahmenplan sollten in der Projektarbeit die Schüler „an die Methoden, aber
10   auch an die Probleme der Bearbeitung von Softwareprojekten mit realitätsnaher Komplexität herangeführt werden. Die Komplexität äußert sich [...] bei der Organisation des aus arbeitsökonomischen Gründen notwendigen arbeitsteiligen Vorgehens."[34] Die Verdeutlichung der Komplexität des arbeitsteiligen Vorgehens moderner Softwareentwicklung sollte daher ein weiteres wichtiges Lernziel der Unterrichtsreihe werden.[35] Somit suchte ich für die vorliegende Unterrichtsreihe nach einem Projekt, das modularisierte Softwarekonstruktion, Objektorientierung und arbeitsteiliges Vorgehen beinhaltet – und fand dies in Form des Hochregallager-Moduls der Arbeitsgruppe Didaktik der Informatik (DDI) an der Universität Paderborn. Es wäre auch möglich gewesen einen anderen Automatisierungsprozess implementieren zu lassen, jedoch
20   konnte ich beim Hochregallager auf Materialien des DDI (z.B. Videosequenzen) und Grundstrukturen der Programme zurückgreifen, was mir arbeitsökonomisch sinnvoll erschien. Auch hätte sich ein Softwareprojekt entwickeln lassen, das ohne die LEGO-Roboter auskommt, doch dann wären auch die im Folgenden genannten Vorteile und Möglichkeiten entfallen und insbesondere würde der Informatik Unterricht weiterhin als Ergebnis der Arbeitsprozesse lediglich Bildschirmanzeigen zu bieten haben.

Die DDI beschäftigt sich in ihrem Informatik Lernlabor (ILL) mit computerbasierten Medien und hat verschiedene Module entwickelt, die Schulen und Universitäten zur Verfügung stehen. Das LEGO Mindstorms Hochregallager „hat die Steuerung von Transport- und Lagerungsprozessen in einem Hochregallager zum Gegenstand."[36]
30   Simuliert wird ein real existierendes Hochregallager des Bertelsmann-Konzerns, bei dem an verschiedenen Ladestationen Paletten mit Büchern o. ä. in das System eingestellt werden können, die dann durch autonome (unbemannte) Transportfahrzeuge zu den Regalstationen transportiert werden. In den Regalstationen verweilen die

[33] Vgl. RAHMENPLAN, S. 24.
[34] RAHMENPLAN, S. 34.
[35] Die Verwendung von BlueJ bietet damit einen Übergang zur Diskussion von so genannten CASE tools, wie sie in den neuen Curricularen Vorgaben verlangt werden (CURRICULARE VORGABEN, S. 16), auch wenn BlueJ kein solches ist und mit der UML Darstellung nur Ähnlichkeiten zu solchen hat.
[36] MAGENHEIM/SCHEEL, S. 40.

Objekte, bis erneut ein Transportfahrzeug auf Anweisung einer Ladestation die Ausgabe veranlasst und das jeweilige Objekt zurück zur Ladestation bringt.

Die Beschäftigung mit diesem Modul kann für Schüler in mehreren Ebenen einen Kompetenzzuwachs erbringen:[37]

Kognitive Ebene

- Es wird die Verwendung der Programmiersprache JAVA weiter geübt und auf weitere Programmierkonstrukte, hier insbesondere die Objektorientierung, ausgedehnt. [PZ_1][38]
- Weiterhin wird an die Notwendigkeit und den Aufbau von Kommunikationsprotokollen zwischen technischen Geräten herangeführt [PZ_2] und
- in das Messen, Steuern und Regeln von technischen Systemen auf Grundlage von Messwerten eingeführt.
- Bei längerfristiger Beschäftigung oder Vorgabe der Software können der Software Life Circle anschaulich vermittelt und
- Ursachen von Design-Konflikten in der Software verdeutlicht werden.

Fachmethodische Ebene :

- Die Kenntnis und Beherrschung von Vorgehensmodellen und Modellierungstechniken der modernen Softwareentwicklung wird weiter entwickelt, z.B. CRC („Class, Responsibilities, Collaborateurs").
- Auf Methoden des Softwareentwurfs und der -entwicklung kann eingegangen werden, z.B. die Benutzung von Entwicklungsumgebungen und CASE Tools („Computer Aided Software Engineering") [PZ_3]
- ebenso wie Problemlösungsstrategien der Softwareindustrie in den Mittelpunkt rücken können.

Sozialkommunikative Ebene

- Der Umgang mit virtuellen Lernumgebungen (z.B. bei Einsatz des RIS Tutorials, vgl. Seite 9) und Auswirkungen auf den Lernprozess können diskutiert werden.
- Kooperatives Lernen und Arbeiten in Teams kann geübt und zielgerichtet besprochen und verbessert werden. [DS_1][39]
- Kooperation zwischen einzelnen Arbeitsgruppen, Austausch von Erkenntnissen und Entwicklung verbindlicher Schnittstellen und Absprachen kann behandelt werden [DS_2] und das meist in engem Zusammenhang mit
- der Präsentation der Arbeitsergebnisse und die Durchführung bzw. Leitung von Besprechungen. [PZ_4]

---

[37] Vgl. MAGENHEIM/SCHEEL, S.41f.
[38] [PZ] (=Primärziel) der Unterrichtsreihe. Erläuterung am Ende der Auflistung auf Seite 15.
[39] [DS] (=Darstellungsschwerpunkt) der Unterrichtsreihe. Erläuterung am Ende der Auflistung auf Seite 15.

Normativ bewertende Ebene

- Die Bewertung der Qualität von Entwürfen und von Software Design kann Schwerpunkt sein wenn z.b. arbeitsgleiche Gruppen Konzepte vorstellen.

- Die Beurteilungsfähigkeit hinsichtlich der sozialen Folgewirkungen bei System- und Designentscheidungen kann in der entsprechenden Rahmengestaltung trainiert werden (wenn z.b. der Abbau der entsprechenden Arbeitsplätze durch die Automatisierung mit diskutiert wird). [PZ_6]

Je nach Gestaltung des Projektes sind also unterschiedliche Zielrichtungen des Unterrichts möglich. In der von mir entwickelten Unterrichtsreihe sollten primär die mit

10   [PZ_{1-5}] gekennzeichneten Kompetenzen der Schüler weiterentwickelt werden. Der Darstellungsschwerpunkt dieser Arbeit ist allerdings nur die Steigerung des Kooperationsvermögens, oben mit [DS_{1-2}] gekennzeichnet. [DS_1] und [DS_2] sind ebenfalls Primärziele der Unterrichtsreihe.

Den ersten Kontakt mit dem Hochregallager-Modul[40] hatte ich im Rahmen einer Seminarfahrt nach Paderborn mit dem Fachseminar Informatik im September 2004 und dem Besuch des ILL. Bei der Präsentation wurde schnell klar, dass diese realitätsnahe Nachbildung eines Hochregallagers hohe Anforderungen an die technische Ausstattung und Programmierung stellte:

- Ein RCX Baustein zur zentralen Steuerung der Kommunikation wurde quasi als

20   Satellit verwendet, wodurch Fehlfunktionen durch mehrfach empfangene Signale vorgebeugt wurden.

- Die Regalstationen verfügten über je zwei RCX Bausteine die sich die Aufgaben der Übernahme per Förderband und das Einlagern per Gabelstapler der Lagerobjekte teilten.

- Die Transportfahrzeuge folgten einer Fahrbahnmarkierung mittels zweier Lichtsensoren, die Fahrbahnmarkierungen einerseits und Grauschattierungen für das Spurhalten bzw. Abbiegen abtasteten. Allerdings erforderte dieses Verfahren auch stets gleiche Lichtverhältnisse, die in den mir zur Verfügung stehenden Räumlichkeiten nicht zu garantieren waren.

30   - Das Lager verfügte über eine zentrale Datenbank, die technischen Bestandteile waren dessen Realisierung untergeordnet, was eine zeitliche Abfolge bei der Implementierung oder sehr klare und dann möglichst unveränderbare Absprachen bei der Nachahmung erfordert hätte.

Um die Bearbeitung in drei gleichberechtigten Gruppen zu ermöglichen, veränderte ich die Zielanforderungen für das Projekt. Das zu realisierende Hochregallager sollte nur über drei RCX Bausteine verfügen:

---

[40] Ausführliche Darstellung des Moduls bei MAGENHEIM/SCHEEL, S. 41ff.

- Eine Ladestation, an der Objekte auf ein Förderband gelegt bzw. von diesem entnommen werden können sollen. Über zwei Tasten soll mit Hilfe der LCD-Anzeige des RCX Bausteins der Benutzer dem System mitteilen können, ob ein Objekt eingelagert oder ausgelagert werden soll. Nach dem Einlagern des Objektes soll dem Nutzer eine Lagernummer mitgeteilt werden, unter der das Objekt später aus dem Lager ausgelagert werden können soll.

- Ein Transportzug, der zwischen der Ladestation und theoretisch unendlich vielen Lagerstationen verkehrt, um Objekte ein- bzw. auszulagern (Um hier nicht für verschiedenartige Lichtverhältnisse anfällig zu sein und um die Programmierung zu vereinfachen, verzichtete ich also auf das Verfahren mit einer Fahrspur und stellte den Schülern ein Schienensystem mit einem Fahrgestell zur Verfügung, das aus einem Baukasten aus der LEGO Raumfahrt-Serie stammt). Der Transportzug muss mit der Ladestation einerseits und der Lagerstation andererseits kommunizieren, um den Auftrag zu erfüllen.

- Eine Lagerstation, die ihre eigene Kapazität verwaltet und Objekte vom Transportzug übernimmt und einlagert oder bei Angabe der entsprechenden Lagernummer ein Objekt an den Zug zurückgibt.

Es wäre auch möglich, das Hochregallager mehr an die Realität bzw. dem Vorbild aus Paderborn anzupassen, jedoch wären in dem Fall die Gruppen stärker an einen zentralen Plan gebunden und hätten daher weniger Entscheidungsfreiheiten innerhalb der Gruppe, was wiederum zu weniger Diskussionen mit Entscheidungsfindung am Ende führen würde. Weiterhin hätte die Gruppe der Ladestation vermutlich schnell eine gewisse Führungsrolle inne, da von dort zentrale Steuerungen erfolgen müssten. Dies könnte leicht zu einer Minderung an angestrebter Kooperation und verstärkter Führung durch leistungsstarke Schüler oder den Lehrer führen. Durch die weitgehende Autonomie der Gruppen werden die Schnittstellen zwischen den Gruppen, d.h. die Übergabe der Objekte und die dabei notwendigen Kommunikationsprotokolle, besonders wichtig und erfordern eine besondere Kooperation zwischen den jeweiligen Gruppen.

Da die Schüler in der Programmierung mit JAVA nicht sehr viel Erfahrung hatten, war davon auszugehen, dass die geforderte Implementierung viel Zeit in Anspruch nehmen würde. Um den nötigen Aufwand weiter zu reduzieren, entschloss ich mich auf jegliche Fehlerbehandlung von vorn herein zu verzichten. Anders als gute Programmierer durften meine Schüler also davon ausgehen, dass Benutzer sich stets korrekt verhalten und die Kapazitätsgrenzen des Regals nie erreicht werden.

3.3 Besondere Hilfestellung durch Programmgerüste

Die komplette Gestaltung der notwendigen Software für die drei Stationen erfordert eine gute Kenntnis der einzelnen Bibliotheken des auf den RCX Baustein zugeschnittenen

LEJOS Betriebssystems. Da dies aber nicht das eigentliche Ziel der Unterrichtsreihe ist, stelle ich den Schülern ein bereits funktionierendes Programmgerüst zur Verfügung, das bereits alle Sensoren und Motoren der jeweiligen Station benutzt. Dadurch müssen die Schüler nur noch die erforderlichen Abläufe implementieren. Um die Objektorientierung in diesem System zu verdeutlichen, werden die einzelnen Bestandteile der Stationen bzw. des Transportzugs in eigenen Klassen implementiert und in einer zentralen Klasse zusammengefasst. Die folgenden Diagramme zeigen die Abhängigkeiten der den Schülern gegebenen Klassen:

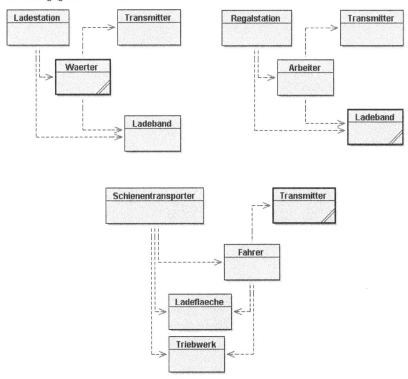

10   Die Klassen Ladestation, Regalstation und Schienentransporter sind als „Container" notwendig, da im LEJOS Betriebssystem jeweils nur eine Klasse geladen werden kann. Die Arbeitsabläufe, die von den Schülern zu programmieren waren finden sich jeweils in den Klassen Waerter, Arbeiter und Fahrer. In der vorgegebenen Klasse werden nur die verwendeten Motoren auf Betätigung der Sensoren gestartet, so dass die Schüler die Funktionsweise leicht erkennen können. Die Klassen Ladeband, Ladeflaeche und Triebwerk sind als Objekte vorhanden. Die Programmierung der hier notwendigen Threads wird den Schülern dadurch abgenommen und die Benutzung der Klassen durch Dokumentationskommentare erläutert.

Um die Kooperation an den Kommunikationsschnittstellen besonders wichtig werden zu lassen, bekommen die Schüler hier die geringste Hilfestellung: Die Klasse Transmitter übernimmt zwar sämtliche Rückgriffe auf das LEJOS Betriebssystem und ist durch die umfangreiche Kommentierung auch relativ einfach zu handhaben. Jedoch müssen die Schüler die zugehörigen Identifikationsnummern der jeweiligen Transmitter selbst festlegen und da diese ausschließlich ganze Zahlen aus dem Intervall I = [0,1,...,9999] übermitteln können, sind die Schüler gezwungen, ein Protokoll zu entwickeln, d.h. Regeln zu definieren, wie die Übergabe von Objekten und Lagernummern zu erfolgen hat.

10 **3.4 Methodische Entscheidungen**

Um Vorteile und Herausforderungen arbeitsteiligen Vorgehens mit den Schülern sinnvoll thematisieren zu können, muss ein signifikanter Teil der Unterrichtsreihe in Gruppenarbeit stattfinden, wobei die Gruppenaufträge unterschiedlich sein müssen. In Partnerarbeit würde sicherlich auch arbeitsteiliges Vorgehen simuliert werden können, jedoch hätte die Gesamtaufgabe dann in noch mehr Einzelaufträge zerlegt werden müssen.

Um das Projekt an moderne Softwareentwicklung in Teams angelehnt zu gestalten, habe ich die äußeren Anforderungen an die Realisierung schriftlich fixiert und den Schülern gruppenweise vorgegeben. Die „Entwicklerteams" wurden durch

20 Schülergruppen nachgestellt, die sich selber finden durften. Die Bildung dieser Gruppen überließ ich bewusst den Schülern selbst, da das geringe Maß an Kooperation zuvor nicht äußeren Animositäten zuzuschreiben war, private Vorlieben der Kooperation innerhalb der Gruppen zu Gute kommen sollte, während die Kooperation über die Gruppengrenzen hinaus aber im Laufe des Projektes trotzdem notwendig werden würde. Die Tatsache, dass sich so die leistungsstarken Schüler in einer Gruppe sammeln konnten, sah ich nicht als Problem an, da die Gruppen dadurch in sich wieder homogener wurden und unterschiedlich starke Hilfestellung durch mich bekommen konnten. Durch die Autonomie der einzelnen Gruppen wurden auch die leistungsschwächeren Gruppen gefordert, denn ohne ihren Beitrag musste das Projekt

30 insgesamt scheitern.

Die Schüler sollten möglichst selbständig arbeiten, um mir Beobachtungen und individuelle Hilfestellungen für einzelne Gruppen zu ermöglichen. In regelmäßigen Abständen mussten Konsultationen stattfinden, in denen der Stand in den einzelnen Gruppen für alle zusammengefasst und eventuell die Notwendigkeit für weitere Absprachen zwischen den Gruppen deutlich wurde. Die Sitzanordnung des Raumes[41] konnte gut in die Gruppenaufteilung integriert werden. Jeweils drei Schüler konnten an

---

[41] Vgl. Beschreibung auf Seite 11.

einer Kante des U gemeinsam arbeiten und doch leicht Kontakt zu den anderen Gruppen aufnehmen.

Ich teilte das Projekt in folgende Phasen:[42]

- Eine Einführung, in der das Projekt eingeführt und die Gruppenaufteilung durchgeführt wurde, gefolgt von der optionalen Bauphase der LEGO Stationen.

- Eine Einarbeitungsphase in den Gruppen zur Bestimmung der notwendigen Schritte zur Implementation, gefolgt von einer Koordinierungsphase zwischen den Gruppen.

- Die Hauptarbeitsphase der Entwicklung und Implementation der Software, die im
10   Wesentlichen in Gruppenarbeit stattfinden musste, unterbrochen durch kurze Phasen der Koordination und Bestandsaufnahme über die Gruppengrenzen hinweg.

- Die Abschlussphase mit der Zusammenführung der durch die drei Gruppen gebauten und programmierten Bestandteile des Hochregallagers.

Das Bauen der einzelnen Stationen aus den LEGO Bauteilen sollte den Schülern zu Beginn des Projektes möglich sein, da dies die eigene Identifikation mit dem Arbeitsziel der Gruppe nur stärken konnte. Da dies aber den zeitlichen Umfang der Einheit überfordert hätte, war diese Phase optional für die Schüler. Nach der Gruppenbildung konnten die Schüler an zwei Nachmittagen am Bau der Roboter mitwirken. Danach
20   wurden die Stationen von mir gebaut bzw. beendet und den Gruppen damit vorgegeben. Um das relativ komplexe Projekt zu vereinfachen, ließ ich im Verlauf einige Aspekte außen vor, wie die Erkennung fehlerhafter Benutzereingaben, sinnvolle Darstellungen auf dem LCD Display usw. Sicher hätte man den Schülern auch ein bereits existierendes Softwarepaket übergeben können, das nur auf neue Eigenschaften hin angepasst werden muss, jedoch wären dabei Konflikte, die auf unterschiedlicher Herangehensweise basieren, kaum entstanden, deren Lösung aber gerade Teil eines erfolgreichen Kooperationsverhaltens ist.

3.5 Arbeitsaufträge an die Gruppen

Zentraler Bestandteil der Unterrichtsreihe waren die Arbeitsphasen der Gruppen, in
30   denen ich mich aus der Unterrichtsgestaltung weitgehend zurückzog und den Gruppen nur als Berater zur Verfügung stand. In dieser Zeit konnte ich besonders die Entwicklung der Schülerkooperation beobachten. Dem dienten auch die Konsultationen, die ich mit allen Gruppen durchführte. In diesen mussten die Schülergruppen mir referieren, wie weit die Gruppe bisher gekommen war. Da die Gruppen ansonsten autonom arbeiten mussten, stellte ich die folgenden ausführlichen Arbeitsaufträge:

---

[42] Die genauere Darstellung erfolgt in der Synopse auf Seite 25.

3.5.1 Gruppe Ladestation

> **Auftrag:** Entwickeln Sie die Software für das Steuerungsmodul der Ladestation eines automatisierten Hochregallagers.
>
> **Spezifikation:** Die Station wird durch einen RCX Baustein des Lego Mindstorms Systems gesteuert. Es steht ein Förderband zur Verfügung, auf das bei Eingang einer Palette diese abgelegt und von der bei Entnahme einer Palette diese entnommen werden muss. Über zwei Tasten wird die Station bedient. Die Station kann über ein Display von 5 Zeichen Zustände anzeigen.
>
> **Benutzerführung:** Der Benutzer kann mit den zwei Tasten auswählen, ob er eine Palette einlagern oder anfordern will. Im ersten Fall ist die Palette zuvor auf das Ladeband zu legen. Über das Display wird dem Benutzer eine Identifikationsnummer mitgeteilt, mit Hilfe der er die Palette später wieder abrufen kann. Will der Benutzer eine Palette aus dem Lager anfordern, muss er die Identifikationsnummer mit den zwei Tasten eingeben.
>
> **Hilfestellung:**
>
> - Einige Bestandteile der Ladestation sind bereits vorprogrammiert worden, insbesondere liegt eine Struktur vor, mit der das Ergebnis erreicht werden kann.
> - Versuchen Sie zunächst den Aufbau der vorhandenen Programmteile zu verstehen.
> - Übertragen Sie diese auf den RCX und experimentieren Sie mit den Sensoren.
> - Legen Sie einen Programmablauf fest, der in der Klasse Waerter programmiert werden muss.
> - Modularisieren Sie den Programmablauf in Methoden.
> - Nehmen Sie mit der Gruppe des Transportzugs Kontakt auf, um die Schnittstellen zu besprechen.

Zunächst musste die Gruppe die zur Verfügung gestellten Programmteile erschließen und verstehen. In den ausführlichen Kommentaren der vorgegebenen Programmteile wird explizit darauf hingewiesen, dass nur in der Klasse Waerter der Arbeitsablauf programmiert werden musste. Hierzu gehörten

- eine Methode zum Auslesen der Benutzereingabe über die zwei Tastsensoren,
- eine Methode zum Einlagern, d.h. Festlegen und Merken einer Identifikationsnummer,
- eine Methode zum Auslagern, d.h. Überprüfung und ggf. anschließende Löschung (nach der Ausgabe) der übergebenen Identifikationsnummer,
- eine Initialisierung der Transmitter Klasse und
- eine Hauptmethode zur Zusammenfassung des Ablaufs, d.h. Warten auf die Benutzereingabe, entsprechender Aufruf der Methode zum Einlagern bzw.

Auslagern, Weitergabe der Information an den Transportzug und das Warten auf dessen Rückkehr.

Die Ladestation: Links der RCX mit Tasten, rechts das Ladeband.

Dabei bot sich innerhalb der Gruppe eine Arbeitsteilung an, die jedoch nicht explizit gefordert wird. Die Schüler konnten so selbst entscheiden, ob sie innerhalb der Gruppe die einzelnen Schritte erneut aufteilen oder gemeinsam die Probleme angehen wollten, was in jedem Fall Kooperation bei der Bewältigung erforderte. Die einzelnen Aufgaben habe ich nach der ersten Einarbeitungsphase mit den Schülern besprochen. Dabei wies

10 ich besonders auf die Notwendigkeit hin, mit der Gruppe Transportzug eine Einigung über die Kommunikation erzielen zu müssen (Festlegung eines Protokolls).

3.5.2 Gruppe Transportzug

Auftrag: Entwickeln Sie die Software für das Transportfahrzeug eines automatisierten Hochregallagers.

Spezifikation: Der Transport wird durch einen Transportzug realisiert, der einen RCX Baustein des LEGO Mindstorms Systems gesteuert wird. Es steht eine Ladefläche zur Verfügung auf die Paletten von den Stationen abgelegt werden und von der diese Paletten wieder an die Stationen abgeladen werden. Über einen Tastsensor erkennt der Zug, dass er vor einer Station angekommen ist und kann die Kommunikation mit der

20 Station aufnehmen.

Benutzerführung: Der Zug wird nur einmal eingeschaltet, bzw. die Software wird nur einmal gestartet. Danach sollte der Transportzug auf Anweisung von der Ladestation

autonom arbeiten. Die Ladestation übermittelt dabei den durchzuführenden Schritt, der auch an die Regalstation weitergegeben werden muss.

Hilfestellung:

- Einige Bestandteile des Zuges sind bereits vorprogrammiert worden, insbesondere liegt eine Struktur vor, mit der das Ergebnis erreicht werden kann.
- Versuchen Sie zunächst den Aufbau der vorhandenen Programmteile zu verstehen.
- Übertragen Sie diese auf den RCX und experimentieren Sie mit den Sensoren.
- Legen Sie einen Programmablauf fest, der in der Klasse Fahrer programmiert werden muss.
- Modularisieren Sie den Programmablauf in Methoden.
- Nehmen Sie mit den Gruppen der Stationen Kontakt auf, um die Schnittstellen zu besprechen.

Auch diese Gruppe musste zunächst die zur Verfügung gestellten Programmteile erschließen und verstehen. In den Kommentaren wird explizit darauf hingewiesen, dass nur in der Klasse Fahrer die Steuerung des Zuges programmiert werden muss. Hierzu gehörten

- eine Initialisierung der Transmitter-Klasse zur Kommunikation mit der Ladestation in einer Methode zum Warten auf den nächsten Auftrag,
- eine Methode zur Steuerung des Zuges zur Fahrt zwischen Regalstation und Ladestation und

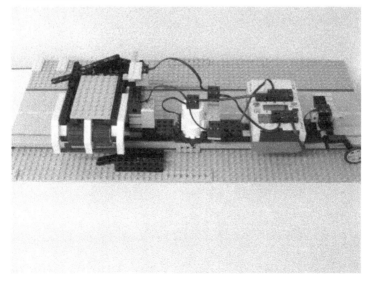

Der Transportzug auf der Schiene, links eine „Palette" auf dem Ladeband.

- eine weitere Initialisierung der Transmitter-Klasse zur Kommunikation mit der Regalstation.

Diese Gruppe hatte den vermeintlich leichtesten Auftrag, war jedoch am stärksten auf eine effiziente Kommunikation zwischen den Gruppen angewiesen. Ihr kam damit eine Schlüsselrolle für die Kooperation zwischen den Gruppen zu. Die einzelnen Aufgaben habe ich nach der ersten Einarbeitungsphase mit den Schülern besprochen. Auch hier wies ich auf die Notwendigkeit hin, mit den anderen Gruppen ein Protokoll für die Kommunikation zu entwickeln.

3.5.3 Gruppe Regalstation

10 **Auftrag:** Entwickeln Sie die Software für das Steuerungsmodul einer Regalstation eines automatisierten Hochregallagers.

Spezifikation: Die Station wird durch einen RCX Baustein des LEGO Mindstorms Systems gesteuert. Es steht ein Förderband zur Verfügung, auf das eine Palette durch den Transportzug abgelegt wird und von dem dieser Paletten wieder übernehmen muss. Weiterhin muss noch ein Regal gebaut werden in das die Paletten abgelegt werden. Die Paletten werden durch Identifikationsnummern bezeichnet, die beim Einlagern vom Transportzug mitgeteilt werden.

Benutzerführung: Die Software soll einmal gestartet werden. Danach sollte das Regal auf Anweisung des Transportzuges autonom arbeiten.

20 **Hilfestellung:**

- Einige Bestandteile der Regalstation sind bereits vorprogrammiert worden, insbesondere liegt eine Struktur vor, mit der das Ergebnis erreicht werden kann.
- Versuchen Sie zunächst den Aufbau der vorhandenen Programmteile zu verstehen.
- Übertragen Sie diese auf den RCX und experimentieren Sie mit den Sensoren.
- Legen Sie einen Programmablauf fest, der in der Klasse Arbeiter programmiert werden muss.
- Modularisieren Sie den Programmablauf in Methoden.
- Nehmen Sie mit der Gruppe des Transportzugs Kontakt auf, um die Schnittstellen zu besprechen.

30 Auch diese Gruppe konnte nach der Einarbeitung in die vorgegebenen Programmteile einzig mit der Gestaltung der Klasse Arbeiter die Aufgabe lösen, wie in den Kommentaren im Quellcode beschrieben. Zur sinnvollen Lösung dieser Aufgabe gehörte

- die Initialisierung der Transmitter Klasse zur Kommunikation mit dem Transportzug,
- eine Methode zur Lagergestaltung mittels einer Datenspeicherung (Identifikationsnummern der eingelagerten Objekte müssen einer Position im Regal zugeordnet sein),

- eine Methode zum Einlagern eines Objektes an einer bestimmten Position im Regal,
- eine Methode zum Auslagern eines Objektes von einer solchen und
- eine Hauptmethode zum Abwarten der Anweisungen vom Transportzug und zur Steuerung der übrigen Methoden.

Diese Gruppe hatte ebenfalls die Möglichkeit, sich intern auf eine nahe liegende Arbeitsteilung zu verständigen, oder die Probleme gemeinsam zu lösen. In der Besprechung nach der Einarbeitungsphase habe ich die einzelnen Probleme mit den Schülern besprochen und den Arbeitsauftrag dahingehend geklärt und vereinfacht, dass
10 ich unsachgemäße Anweisungen (z.B. nicht vorhandene Identifikationsnummer wird angefordert) seitens des Transportzugs ausschloss.

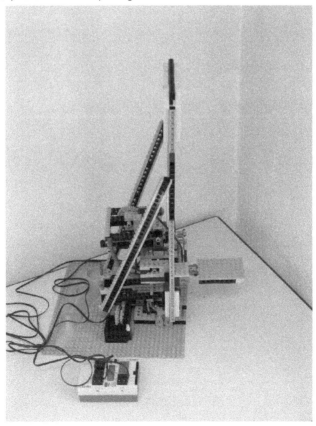

Der Schwenkarm (ohne Regal) der Regalstation mit geladener „Palette".

3.6 Synopse

Die auf Seite 19 angesprochenen Phasen gliederten sich wie folgt weiter:

Phase	Lernziele der einzelnen Stunden	Didaktischer Kommentar
Einführung 16. Kalenderwoche	1. Verstehen des Projektziels. 2. Überblick über Lernziele in technischer Hinsicht und in der Sozialform. 3. Gruppenaufteilung nach Neigung und Interesse. 4. Bau der LEGO Stationen (optional am Nachmittag), Bau der übrigen Stationen durch Lehrer anschließend.	Nach einer Einführung mit Videosequenzen aus dem DDI Modul und einer Diskussion zu den zu lösenden Problemen wurde das Projekt durch mich eingeschränkt und spezifiziert. Eine Gruppe bestand darauf, ihre Station gänzlich selbst zu bauen und nutzte dafür zwei Nachmittage. Die übrigen Gruppen erweiterten meinen Entwurf später.
Einarbeitungsphase 17.-18. KW	5. Verstehen des jeweiligen Programmiergerüsts, d.h. der verwendeten Objekte. 6. Definition der zu bewältigenden Arbeitspakete (meist notwendige Methoden für die Station). 7. Einführung einer gewissen Gruppenarbeitskultur durch Forderung nach einer Präsentation in der Koordinierungsphase	Hier standen die Primärziele [PZ_1], [PZ_2] und [PZ_3], also vor allem die kognitiven und fachmethodischen Ebenen im Zentrum. Mit jeder Gruppe führte ich eine Konsultation durch. Dabei stellte ich das Erreichen der Ziele 5. und 6. sicher.
Koordinierungsphase 19. Kalenderwoche	8. Koordination über die Gruppen hinweg. 9. Diskussion und Festlegung der Schnittstellen zwischen den Gruppen (=Gesamtablauf). 10. Vereinbarung der Kommunikationsprotokolle. 11. Verstärkte Reflektion der Zusammenarbeit zwischen Gruppen.	In einer Sitzung stellten alle Gruppen ihren bisherigen Arbeitsstand ausführlich dar und gaben anderen die Möglichkeit Einfluss auf die Entwicklung zu nehmen. Dann wurden Vorschläge für die Definition der Schnittstellen diskutiert und das Kommunikationsprotokoll entwickelt. Damit war die die wichtigste Phase für das Ziel [DS_2].
Hauptarbeitsphase 20.-24. KW	12. Implementation der Software für die einzelnen Stationen 13. Testen der Software an geeigneten Beispielen 14. Verbesserung der Kooperation zwischen einzelnen Gruppenmitgliedern 15. Verstärkte Reflektion der Zusammenarbeit im Team	In den Stunden arbeiteten die Gruppen überwiegend selbständig und am Ziel [PZ_1]. In regelmäßigen aber kurzen Zusammenkünften aller Gruppen wurde am Primärziel [PZ_4] gearbeitet. Durch die Arbeit und die Durchführung der Reflektionen im Schülertagebuch wurde auf das Ziel [DS_1] hingearbeitet.
Abschlussphase 32.-35. KW	16. Zusammensetzung des Projektes, Test und Fehlerkorrektur 17. Besprechung von Methoden der Software Entwicklung 18. Reflektion zu sozialen Folgen der zunehmenden Automatisierung	Das Funktionieren des Hochregallagers stellte den krönenden Abschluss des Projektes dar. In den folgenden Unterrichtsstunden wurden die Erfahrungen zusammengefasst und reflektiert. Dabei wurde insbesondere an den Zielen [PZ_3] und [PZ_6] gearbeitet.

Im Kapitel 5 gehe ich entsprechend des Darstellungsschwerpunktes hauptsächlich auf die Koordinierungs- und die Hauptarbeitsphase ein.

4. KOOPERATION IN MAßEN – VERWENDETE „MESSINSTRUMENTE"

Schwerpunkt dieser Betrachtung ist die Steigerung des Kooperationsvermögens der Schüler und damit ist die Frage nach der Qualität der Gruppenarbeit in der Implementationsphase gegeben. Natürlich ist es unmöglich, objektiv und vollständig sämtliche Kooperationsprozesse als Lehrer zu beobachten und zu bewerten. Daher müssen weitere Instrumente entwickelt werden, um die Kooperationsfähigkeit der Schüler zunächst zu erfassen und anschließend Veränderungen zu dokumentieren. Das einfachste zur Verfügung stehende Mittel bleibt aber natürlich die Beobachtung durch den Lehrer. Weiterhin können von den Schülern Selbsteinschätzungen mittels eines

10 Fragebogens einbezogen werden – dabei können diese mit den Partnern in der Gruppe oder im Kurs gemeinsam ausgewertet werden, um die Fremdeinschätzungen der Schüler untereinander mit einzubeziehen, oder die Einschätzung kann den Schülern ausschließlich individuell überlassen werden, um auferlegte Bescheidenheit im Gruppenverhältnis aus dem Ergebnis heraus zu halten. Während des Projektes kann durch ein Schülertagebuch der Verlauf der Kooperation dokumentiert werden, das sowohl Selbst- als auch Fremdeinschätzungen festhält. Ein letztes Kriterium ist das Erreichen des geforderten Ziels, in diesem Fall die Konstruktion und Implementierung eines Hochregallagers.

4.1 Lehrerbeobachtung

20 Um meine eigenen Beobachtungen zu strukturieren verwendete ich das Kompetenzraster zur Bewertung von Teamfähigkeit von Klippert.[43] Während die Gruppen an ihren Aufgaben arbeiteten konnte ich mich in der Regel für die Beobachtung einer oder zweier Gruppen zurückziehen. Dadurch konnte ich für je drei Schüler Eindrücke sammeln und diese festhalten. Beobachtungsaspekte waren:

- Hilft der Schüler den anderen geduldig und effektiv?
- Bringt er mit eigenen Ideen und Vorschlägen die Gruppe voran?
- Bemüht er sich, auch alle anderen Gruppenmitglieder in die Arbeit einzubinden?
- Hört er Vorschlägen der anderen geduldig zu und geht auf sie ein?
- Kann er bei unterschiedlichen Meinungen vermitteln und sinnvoll argumentieren?
30 - Spricht er Missstände offen an und führt Konflikte einer Lösung zu?
- Motiviert er sich und die Gruppe als Ganzes?

Wie von Klippert vorgeschlagen hielt ich meinen Eindruck auf einer Skala[44] von 1 bis 5 fest, wobei die folgenden Beurteilungsniveaus galten:

- „1" entsprach einem Fehlen dieser Fähigkeit,
- „2" bedeutete, dass dieser Aspekt nur geringfügig feststellbar war,

---

[43] Vgl. KLIPPERT, S. 67.
[44] Klippert schlägt 0-4 vor, ich habe jedoch 1-5 verwendet.

- „3" hieß, dass diese Qualität grundsätzlich zu sehen war,
- „4" wurde vergeben, wenn diese überwiegend zu sehen war und
- „5" zeigte an, dass der Schüler hier sehr stark war.

Wichtig war, in der Phase der Beobachtung nicht den Eindruck zu machen, den Schülern helfen zu wollen.[45] Aus respektvoller Distanz konnte ich jedoch oft erkennen, wie die Gruppe sich entwickelte. In den Konsultationen, die ich mit allen Gruppen abhielt, kamen weitere wichtige Erkenntnisse hinzu, insbesondere wenn offenbar einzelne Schüler ein Problem erkannt hatten, es den anderen jedoch noch nicht hatten verständlich machen konnten (oder wollten).

10 Neben der Arbeit in den Gruppen war auch die Kooperation zwischen den Gruppen zu beobachten. Hier war die Lehrerperspektive natürlich von anderer Qualität, da ich einen besseren Überblick über die Situation in den jeweiligen Gruppen hatte. Während oder nach informellen Gesprächen zwischen den Gruppen konnte ich die Veränderung der Arbeit in den Gruppen beobachten, ob die Kooperation zu neuen Impulsen geführt hatte oder ob eine der Gruppe eher frustriert daran haderte, nun einige Arbeitsschritte wiederholen zu müssen. Bei formell geschaffenen Situationen zum Austausch der bisherigen Arbeitsergebnisse und zur Besprechung der Protokolle war es auch möglich, direkt einzugreifen und durch konkretes Nachfragen die Schüler zu Präzisierungen zu zwingen. In solchen Fällen konnte ich erkennen, wer innerhalb der Gruppen eine

20 Sprecherrolle übernahm, wenn unvorhergesehene Situationen entstanden bzw. auf welches Gruppenmitglied sich die übrigen ggf. verließen und wer sich, stellvertretend für die Gruppe, zur Übernahme weiterer Aufgaben bereit erklärte.

4.2 Selbst- und Fremdeinschätzungen der Schüler

Einen wesentlich besseren Einblick in die Kooperation innerhalb der Gruppen haben selbstverständlich die Schüler selbst, weshalb ihre Einsichten in den Beobachtungsprozess einbezogen werden müssen. Klippert bietet hier ein Verfahren der gegenseitigen Beurteilung an, das mit Hilfe von Selbst- und Fremdeinschätzung zu einer gemeinsamen Evaluierung der individuellen Kooperationsfähigkeit führt.[46] Angelehnt an seine Vorschläge habe ich ein Formular entwickelt, mit dessen Hilfe die

30 Kooperationsfähigkeit gemessen werden konnte. Kern dieses Formulars waren ähnliche Beobachtungsaspekte wie die für die Lehrerbeobachtung. Zu jedem Mitglied der eigenen Arbeitsgruppe mussten die Schüler folgende Frage bewerten:

- Hilft er/sie dir und den anderen geduldig und so, dass du es anschließend verstehst?
- Bringt er/sie eigene Ideen und Vorschlägen ein, die dann die Gruppe voran bringen?

---

[45] Vgl. MEYER, S. 268f.
[46] Vgl. KLIPPERT, S. 65ff.

- Bemüht er/sie sich darum, alle anderen Gruppenmitglieder in die Arbeit einzubinden?
- Hört er/sie deinen Vorschlägen und denen der anderen geduldig zu und geht auf sie ein?
- Kann er/sie bei unterschiedlichen Meinungen vermitteln?
- Spricht er/sie Missstände an und arbeitet konstruktiv an einer Lösung?
- Motiviert er/sie dich und die anderen Mitglieder der Gruppe?

Für die Einschätzung der Aspekte wurde die identische Skala den Schülern zur Verfügung gestellt, die ich auch für meine Beurteilung nutzte (siehe Seite 26). Die
10 Schüler mussten zunächst sich selbst zu jedem dieser Aspekte einschätzen und dann die anderen Gruppenmitglieder. Anschließend wurden die Ergebnisse zusammengetragen und jede Gruppe einigte sich auf eine gemeinsame Beurteilung der einzelnen Mitglieder. Damit standen für mich drei Einschätzungen der Schüler zur Verfügung: Die Selbsteinschätzung eines Schülers, die Fremdeinschätzungen der Gruppenmitglieder und schließlich die im Konsens ermittelte Gruppeneinschätzung, in der dann die Ergebnisse zueinander in einheitlicherer Relation standen.[47]

Diese Einschätzung wurde mit den Schülern gegen Ende des Projektes durchgeführt, so dass bereits viel Erfahrung mit den anderen Gruppenmitgliedern bestand. Den Schülern wurde deutlich vermittelt, dass die Auswertung der Ergebnisse ausschließlich für meine
20 Examensarbeit und nicht für ihre Bewertung relevant sei, um daraus resultierende „Seiteneffekte" zu vermeiden. Die Schüler maßen dieser Beurteilung dann auch wenig Bedeutung bei, gaben sich aber Mühe, zu einvernehmlichen Gruppenbewertungen der einzelnen Mitglieder zu kommen.

4.3 Selbstbewertungen der Schüler

In der Selbst- und Fremdeinschätzung nach dem Modell von Klippert wird auch das Wissen um die folgende Diskussion mit den Gruppenmitgliedern Schüler untereinander zur Findung des Konsens einen Einfluss auf die Selbsteinschätzung der Schüler haben. Da ein komplexes System mit Selbst- und Fremdeinschätzungen weiterhin nicht gleich zu Anfang eines Gruppenprojektes angewandt werden sollte,[48] ich aber trotzdem eine
30 Selbsteinschätzung der Schüler vor und nach dem Projekt durchführen wollte, entwickelte ich einen weiteren Fragebogen, der zu Beginn und zum Ende des Projektes ausgefüllt wurde. Damit konnte die absolute Veränderung in der Selbsteinschätzung der Schüler in ihrem Kooperationsverhalten abgebildet werden. Dieser Fragebogen enthielt die folgenden Positionen:

Arbeit im Unterricht

---

[47] Natürlich lassen die 4 Stufen der Skala viel Interpretationsspielraum zu, der bei einer so kleinen Stichprobe von nur sieben Schülern großen Einfluss auf das Ergebnis hat. Die empirische Beweiskraft ist ohnehin sicher eingeschränkt, aber leider in diesem Rahmen nicht wesentlich zu steigern.
[48] Vgl. KLIPPERT, S. 65.

- Es fällt mir leicht, mir Hilfe von Mitschülern zu holen, wenn ich Fragen zu Dingen habe, die im Unterricht besprochen wurden.
- Es fällt mir leicht, mir Hilfe von Lehrern zu holen, wenn ich Fragen zu Dingen habe, die im Unterricht besprochen wurden.

Arbeiten in Gruppen
- Ich kann außerhalb der Schule gut im Team arbeiten.
- Ich kann im Unterricht erfolgreich mit meinen Mitschülern in Gruppen arbeiten.
- Im Unterricht in Gruppen zu arbeiten ist anstrengender, als den Lerninhalt vom Lehrer vorgestellt zu bekommen.
- Ich arbeite außerhalb der Schule gerne in Teams (Vereinsarbeit, Sport, etc.).
- Ich schätze es, im Unterricht in Gruppen zu arbeiten.

Die Schüler wurden gebeten, zu all diesen Aussagen ihre Zustimmung zu vermerken, wobei eine Skala von 1 (gar nicht) bis 5 (sehr) in Tabellenform gegeben war, um eine schnelles Beantworten zu ermöglichen. Weiterhin wurden sie aufgefordert, ihre Angaben auch zu kommentieren oder zu relativieren und dafür Platz für freie Formulierung gelassen.

4.4 Die Schülertagebücher

Die Schülertagebücher sollten die Möglichkeit geben, einerseits Beobachtungen bis zum Ende des Bewertungszeitraums für die Schüler und damit für die Schülerbewertung zu konservieren, andererseits aber auch meine Beobachtungen weiter zu fundieren. Jeder Schüler bekam einen Schnellhefter zugewiesen, in dem 10 identische Bögen mit folgenden Aufforderungen enthalten waren. Die Schüler sollten hier frei formulieren und hatten jeweils etwa Platz für vier Zeilen handschriftlichen Textes, wobei ich sie darauf hinwies, dass sie auch die Rückseite verwenden konnten.

Inhaltlicher Fortschritt heute:
- Bitte gib stichwortartig an, was heute in deiner Gruppe gemacht wurde und was im Bezug auf das Gesamtprojekt erreicht wurde, bzw. welche Fortschritte gemacht wurden:
- Bitte beschreibe kurz, welche(s) Problem(e) sich heute ergaben:

Arbeit in der Gruppe:
- Zu welchem Anteil hast du persönlich zu dem Fortschritt heute beigetragen?
- In wiefern hast du von anderen Gruppenmitgliedern profitieren können?
- Wie war die Kooperation heute insgesamt innerhalb deiner Arbeitsgruppe?

Kooperation mit anderen Gruppen:
- War es notwendig, heute mit anderen Gruppen zu kooperieren? Wenn ja, warum?
- Wie gestaltete sich ggf. diese Kooperation? Würdest du sie als „erfolgreiches Teamwork" bezeichnen oder muss man Abstriche machen?

Die Schülertagebücher waren in der Verantwortung der Schüler, d.h. es stand ihnen frei, sie mit nach Hause zu nehmen oder in einem Schrank im Informatikbereich zu lagern, was sich schnell durchsetzte. Die Hefter waren nicht namentlich gekennzeichnet, um den Schülern ein wenig Gefühl von Anonymität zu geben. Gegen Ende jeder Unterrichtsstunde (i. d. R. Doppelstunden oder sogar Dreifachstunden) bat ich sie, eine weitere Seite des Tagebuchs auszufüllen. In regelmäßigen Abständen überflog ich die gemachten Kommentare, um meinen Eindruck vom Fortschritt der Gruppen zu verifizieren.

4.5 Das Arbeitsergebnis als Feedback

10   Für die Schüler war selbstverständlich das Arbeitsergebnis ebenfalls von besonderer Bedeutung. Insbesondere war die Frage für sie bedeutsam, ob das automatisierte Hochregallager am Ende tatsächlich funktionierte. Auch für mich war dies natürlich eine Möglichkeit, die ich in die Lehrerbeobachtung mit einbezog – allerdings schon zu dem Zeitpunkt, als vereinzelt die Kommunikation zwischen den einzelnen RCX-Bausteinen bereits funktionierte, die einzelnen Stationen jedoch noch nicht ihre Aufgaben vollständig erfüllten.

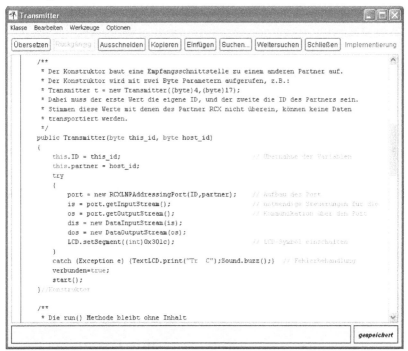

Teil der Transmitter Klasse im Programmeditor der BlueJ Umgebung.

5. „ACTION!" ▶ DIE DURCHFÜHRUNG DES PROJEKTES

Im Folgenden werden aus allen Phasen nur kurze Beobachtungen geschildert, die für das Gesamtverständnis des Ablaufs sinnvoll sind. Die Arbeit am Untersuchungsschwerpunkt der Kooperationsfähigkeit beginnt im erst im nächsten Kapitel.

5.1 Einführung und Einarbeitungsphase

Die Einführung in das Projekt fand in einer Einzelstunde statt. Den Schülern war bereits bekannt, dass wir uns mit den LEGO Robotern beschäftigen würden, deren Kästen sie bereits gesehen hatten. Ein Schüler besitzt ein derartiges System, hatte aber nicht
10   gewusst, dass es möglich ist, auch mit der in der Schule erlernten Sprache JAVA zu programmieren. Er und etwa die Hälfte des Kurses „fieberten" der Unterrichtssequenz förmlich entgegen.

In meiner Einführung erläuterte ich die Vorgehensweise in Teams, stellt die Materialien vor und führte in die Ziele des Projektes in technischer Hinsicht ein. Den Beobachtungsschwerpunkt, die Steigerung des Kooperationsvermögens erwähnte ich beiläufig in der Erklärung der Schülertagebücher, hatte aber den Eindruck, dass diese Information eher unterging. Das empfand ich als nicht ungünstig, da ich nicht wollte, dass die Schüler sich unter Beobachtung anders verhalten würden. Die Zuteilung zu den Stationen und in die Gruppen erfolgte schnell und ohne Probleme. Fünf Schüler
20   waren bereit, am Bau der LEGO Stationen mitzuwirken, drei von ihnen blieben über zwei Nachmittage verteilt insgesamt fünf Stunden in der Schule, um „ihre" Station, die Regalstation zu bauen. Die zwei anderen bauten Teile der übrigen Stationen, die ich dann vervollständigte. Als Unterrichtsvorbereitung für die Einarbeitungsphase musste ich sodann nur noch die Programmgerüste auf die tatsächlichen Stationen anpassen. In allen Programmgerüsten waren alle Bestandteile enthalten, lediglich die algorithmische Ablaufsteuerung musste angepasst werden (Im Programmgerüst führten Sensoren-Meldungen zu schlichtem Ein- bzw. Ausschalten der Motoren) und die Kommunikation mittels der Transmitter-Klasse musste objektorientiert gestaltet werden.

In den folgenden 5 Unterrichtsstunden arbeiteten sich die Gruppen individuell in ihre
30   Station ein und experimentierten mit den Geräten und Programmen. Während es anfänglich viele technische Probleme gab, die meine Hilfe erforderten, entwickelten die Schüler schnell die Fähigkeit, diese selbständig zu umgehen. Mit jeder Gruppe führte ich eine Konsultation durch, in der ich mir vorstellen ließ, wie die Gruppe ihre Station gestalten wollte, d.h.

-    welche Arbeitsabläufe sie im Detail geplant hatten,
-    welche Methoden und Abläufe Sie deshalb zu implementieren gedachten,
-    in welcher Reihenfolge und mit welchen Verantwortlichkeiten die Gruppenmitglieder vorgingen und

-   welche Schnittstellen sie mit den anderen Gruppen zu besprechen hatten. Durch gezieltes Nachfragen sorgte ich dafür, dass diese Pläne detailliert genug wurden und gewisse Unschärfen beseitigt wurden. Insbesondere die Bedeutung bestimmter Schnittstellen arbeitete ich mit den Schülern heraus. Dabei wurden natürlich Leistungsunterschiede deutlich auf die ich mit dem Maß an Einhilfe reagieren konnte. Am Ende jeder Unterrichtsstunde bzw. -doppelstunde hielt ich die Schüler dazu an, in ihrem Schülertagebuch die entsprechende Seite auszufüllen. Die Schüler empfanden das manchmal als lästig, weil es Zeit kostete und verlegten das oft in die Pause, was für die Motivation spricht, die von den LEGO Steinen ausgeht.

10   **5.2 Koordinierungsphase**

Am Ende der Einarbeitungsphase läuteten die Schüler selbst und für mich unerwartet die Koordinationsphase ein: Ein Schüler der Gruppe Regalstation bat um die Aufmerksamkeit seiner Mitschüler und darum, den Ablauf des Einlagerns eines Objektes zu besprechen, so dass alle Gruppen „von den gleichen Tatsachen" ausgingen. Ich hatte dies erst für die kommende Stunde geplant, ließ ihn aber dennoch gewähren. Nach kurzem Chaos einigten sich alle Schüler auf ein Verfahren, das von einem Schüler protokolliert wurde, nachdem dieser sich bereit erklärt hatte, das ganze System graphisch bis zur nächsten Woche auszuarbeiten. Ich nahm dies fasziniert zur Kenntnis und entschied, die Selbstorganisation der Gruppe nicht zu behindern, auch

20   wenn ich einige Vereinfachungen für zweckmäßig gehalten hätte.

Die „Flash-Film" Sequenz der Schüler.

In der nächsten Stunde wurde ich überrascht durch eine kurze „Flash-Film" Sequenz (eine animierte Grafik, die in einem Internet Browser dargestellt werden kann und daher gerne für Webseiten genutzt wird), die von den beiden Schülern, die das Heft in der vergangenen Woche in die Hand genommen hatten, erarbeitet worden war. In dieser Sequenz wurde die grundlegende Kommunikation der Stationen untereinander definiert und ein großer Teil des notwendigen Protokolls für die Einlagerung eines Objektes dargestellt. In der anschließenden Diskussion setzte die Gruppe „Ladestation" noch eine Änderung durch, aber danach war die Koordinierung zwischen den Gruppen vorerst gelöst. Die Gruppe

„Transportzug" setzte die Koordination anschließend in bilateralen Gesprächen mit den beiden anderen Gruppen noch fort. Dabei wurde allerdings auch deutlich, dass diese Gruppe am meisten Hilfe brauchte, um den nun definierten Anforderungen auch gerecht zu werden.

5.3 Hauptarbeitsphase

Die Unterrichtsstunden der Hauptarbeitsphasen liefen nach stets gleichem Schema ab. Zunächst wurden die notwendigen Vorbereitungen getroffen, d.h. die Stationen aus dem Schrank geholt und aufgebaut – allerdings voneinander getrennt an verschiedenen Computern, die zum Bearbeiten der Software nötig waren. Oft begannen die Schüler
10 damit selbständig und auch bereits in der Pause. Dann eröffnete ich die Unterrichtsstunde mit der Nachfrage an die Gruppen, wie der Stand sei, woraufhin je ein Schüler jeder Gruppe meist kurz und eher vage ausdrückte, was die Gruppe am heutigen Tag leisten wollte. Danach arbeiteten die Gruppen selbständig und ich führte meine Beobachtungen durch. In jeder Stunde nahm ich mir eine oder zwei Gruppen besonders intensiv vor und stand selbstverständlich allen für Fragen zur Verfügung. Gegen Ende einer jeden Doppelstunde bat ich die Gruppen, die Arbeit einzustellen und einer kleinen „Betriebsversammlung" beizuwohnen. Mit wechselndem Vorsitz tagte diese Runde, in der jede Gruppe ihren Fortschritt darstellen musste und die derzeit relevanten Probleme aufzeigen konnte. Dies dauerte in der Regel keine 10 Minuten,
20 danach erinnerte ich die Schüler an die Schülertagebücher und entließ sie zurück an ihre Geräte.

In dieser sehr freien Arbeitsphase blühten zwei der drei Gruppen förmlich auf und entwickelten sehr viel Elan. Allerdings wurde auch gelegentlich sehr viel Energie in Nebensächlichkeiten investiert, während wichtige Probleme lange unangetastet blieben. Die Gruppe um den Transportzug hingegen entwickelte sich nicht so erfolgreich, da sich die Schüler hier zunehmend auf Hilfestellungen der anderen verließen aber gleichzeitig wenig bereit waren, sich in die Vorschläge der anderen hineinzudenken. Die Schüler saßen oft vor ihren Rechnern und blätterten im Quelltext auf und ab, ohne an den selbst entwickelten Teilproblemen zu arbeiten. Hier stellte ich eine ungünstige Kombination
30 von mangelndem Wissen über einfache Algorithmik (Schleifen, Bedingte Anweisungen) und mangelnder Bereitschaft, die Kommentare im Programmrahmen oder die Beschreibungen des Betriebssystems im Internet nachzulesen. Die Gruppe machte zwar kleine Fortschritte, blieb aber im Vergleich mit den übrigen zurück. Erst gegen Ende, als die Gruppe der „Ladestation" ihre Arbeit quasi abgeschlossen hatte und ein Schüler dieser Gruppe dauerhaft half, besserte sich die Situation.

Leider wurde diese Phase durch die nahenden Sommerferien ungünstig beeinflusst. Einerseits fielen einige Stunden gänzlich wegen Kursfahrten und Sportfesten aus, andererseits waren einige Male die Hälfte der Schüler zu Exkursionsfahrten und in drei

Fällen war dadurch die Arbeit der jeweiligen Gruppe stark behindert, weil die Schüler vergessen hatten, wie abgesprochen den letzten Stand des Quellcodes im öffentlichen Bereich zu speichern, woraufhin die Gruppen nach einigem Suchen entschieden, nicht weiterarbeiten zu können. Diese forderte ich zwar dann dazu auf, an der Kommentierung jener Programmteile zu arbeiten, die sie beim letzten Mal nicht verändert hatten, aber der Zeitverlust war unabwendbar. Insgesamt war dadurch der ursprüngliche Plan, das Projekt bis zu den Sommerferien abzuschließen, nicht mehr durchführbar. So musste die Phase des Zusammensetzens des Hochregallagers auf die Zeit nach den Sommerferien vertagt werden. Die lange Zeit, in denen sich die Schüler

10   nicht mit den Programmen beschäftigt hatten, war anschließend dafür verantwortlich, dass die Schüler sich zunächst erstmal wieder in ihren eigenen Quelltext einlesen mussten. Zusätzliche technische Probleme durch einen Raumwechsel im Stundenplan und das Verlassen des Kurses eines Leistungsträgers erschwerten danach die Arbeit am Projekt. Trotzdem begannen wir nach den Ferien damit, die Stationen im Verbund aufzubauen und somit mit der letzten Phase.

5.4 Abschlussphase

In der letzen Phase folgten schließlich die Praxistests, die bei getrenntem Aufbau nicht möglich gewesen waren. An vielen Stellen mussten die Gruppen ihre Programme anpassen, weil Förderbänder nicht lange genug oder in die falsche Richtung liefen, der

20   Transportzug zu weit oder in die falsche Richtung fuhr oder die Lagerstation nicht das erwartete Signal an den wartenden Zug sendete. Auch diese Probleme verzögerten erneut die Fertigstellung des Projektes, jedoch schien es mir wichtig, auf das Erfolgserlebnis am Ende zu warten. Dabei wurde auch sehr deutlich, welche Schüler die meiste Fachkompetenz aufgebaut hatten und wussten, an welcher Stelle sie den jeweiligen Fehler zu suchen hatten, während andere wieder von vorne begannen, im Quelltext das eigene Vorgehen nachzuvollziehen. Hier brachen leider auch die Gruppenstrukturen leicht auseinander, die im folgenden Kapitel zu analysieren sind. Nachdem zwei Tests des Hochregallagers jedoch fehlerfrei verliefen, konnte von einem erfolgreichen Abschluss gesprochen werden und die Phase der Erinnerungsphotos

30   beginnen. In einer abschließenden Sitzung wurden die Schritte der Softwareentwicklung allgemein und in unserem speziellen Fall besprochen und Lehren für künftige Projekte gezogen. Weiterhin forderte ich zu einer Diskussion über die Möglichkeiten und Grenzen der Technologie auf. Dabei entwickelte sich schnell auch eine Diskussion über künstliche Intelligenz und die sozialen Folgen einer zunehmenden Automatisierung in Zeiten hoher Arbeitslosigkeit. Zum Abschluss ließ ich die Schüler zunächst den Fragebogen zur Selbsteinschätzung ausfüllen und anschließend das Verfahren zur Selbst- und Fremdeinschätzung der Teamarbeit durchführen. Und in der Folgestunde führte ich noch eine Feedbackrunde zum gesamten Projekt durch.

6. BEOBACHTUNGEN UND ANALYSE

Der Darstellungsschwerpunkt dieser Arbeit ist die Untersuchung, ob durch angemessenen Einsatz des LEGO Mindstorms Systems die Kooperationsfähigkeit der Schüler gesteigert werden kann. Angesichts der in der Lerngruppenanalyse (Seite 11) erwähnten Probleme der Schüler effektiv miteinander zu kooperieren gestaltete ich die Unterrichtsreihe derart, dass möglichst viel Raum und Notwendigkeit für intensive Kooperation zwischen den Schülern bestand. Die Aufgabenstellung und die Beobachtungsinstrumente waren auf die Kooperation der Schüler innerhalb einer kleinen Arbeitsgruppe und zwischen den jeweiligen Gruppen abgestimmt. Aufgabe
10 dieses Kapitels ist die Darstellung der gemachten Beobachtungen und die Analyse dieser Ergebnisse.

Für die Untersuchung des Kooperationsvermögens bieten sich vor allem die Lehrerbeobachtungen in zwei Phasen des Projektes an, die Koordinationsphase und die Hauptarbeitsphase. Dazu kommt die Auswertung der Fragebögen und des Schülertagebuches. Da die Kooperation der Schüler innerhalb der Gruppen und über Gruppengrenzen hinweg nicht das Ziel vereinzelter Stunden war, scheint es auch nicht angebracht, einzelne Stunden im Detail darzustellen, sondern nur die Arbeit in einer ganzen Serie von Unterrichtsstunden zu beschreiben und in der Analyse zusammenzufassen. Dies geschieht in der Analyse der Lehrerbeobachtung vor dem
20 Hintergrund der Auswertung der schriftlichen Ergebnisse.

6.1 Selbsteinschätzungen der Schüler

Zunächst stand mir für die Analyse der Kooperationsfähigkeit die Selbsteinschätzung der Schüler vor dem Projekt zur Verfügung. Dazu diente der mir in Kapitel 4.3 dargestellte Fragebogen (Seite 28). Hier war auffällig, dass die Schüler grundlegende Qualitäten bei sich selbst dafür viel mehr vorhanden sahen, als ich das zuvor erwartet hatte. Die Schüler gaben im Mittel an, sich sogar deutlich leichter Hilfe von Mitschülern holen zu können (4,2 auf der Skala bis 5), als vom Lehrer (3,3). Bei der Gruppenarbeit war deutlich, dass die Schüler sich außerhalb der Schule eher gute Teamfähigkeit attestierten (4,0), als in der Schule (3,3). Dazu kam, dass sie auch in der Schule ungern
30 in Teams arbeiten (2,3), während sie das außerhalb der Schule eher schätzen (4,1). Das hat sicher damit zu tun, dass sie es relativ einhellig als „anstrengender" einschätzten, in der Schule in Gruppen zu arbeiten, wenn die Alternative die Vorstellung des Lerninhalts durch den Lehrer war (4,4). Daraus muss man wohl den Schluss ziehen, dass Schüler zwar grundsätzlich gerne in Teams arbeiten, nur eben nicht in der Schule, und dass sie weiterhin die Schule auch nicht als den geeigneten Ort betrachten, ihre Teamfähigkeit zu verbessern. Etwas widersprüchlich mutet es dann an, dass Schüler einerseits die Präsentation des Lerninhaltes durch den Lehrer schätzen, gleichzeitig sich aber Hilfe besser von Mitschülern als vom Lehrer zu holen glauben können.

Die Auswertung des Fragebogens nach dem Projekt ergab einige signifikante
Veränderungen, die natürlich auch darauf zurückzuführen sind, dass sie direkt nach der
erfolgreichen Beendung des Projektes ausgefüllt wurden, also möglicherweise im
Hochgefühl des gemeinsamen Erfolgs. Das könnte zumindest zum Teil erklären, warum
die Schüler nach dem Projekt so deutlich lieber in Gruppen arbeiten würden als vorher
(von 2,3 auf 3,6), während die Angabe für Arbeit im Team außerhalb der Schule nahezu
unverändert blieb (von 4,1 auf 4,0)! Ein Indiz für den Erfolg des Projektes im Sinne des
Untersuchungsschwerpunktes ist die Feststellung, dass nach dem Projekt die Schüler
glaubten, besser im Unterricht in Gruppen arbeiten zu können als zuvor (von 3,3 auf
10 4,1), wobei die Einschätzung der eigenen Teamfähigkeit außerhalb der Schule nun
scheinbar identisch war (von 4,0 auf ebenfalls 4,1). Ebenso erfreulich ist die
Einschätzung, dass Gruppenarbeit in der Schule nun nicht mehr als ganz so
anstrengend empfunden wurde (von 4,4 auf 3,6). Zunächst paradox erscheint die
Beobachtung, dass die Schüler nach dieser Projektarbeit ihre Fähigkeit, sich Hilfe von
Mitschülern zu holen, schlechter (von 4,2 auf 4,0), sich diese von Lehrern zu holen
jedoch besser (von 3,3 auf 3,9) einschätzten. Möglicherweise ist dafür schlicht die
Situation verantwortlich: Während sich „Hilfe vom Lehrer holen" im klassischen
Frontalunterricht eher schwierig gestaltet und mit einer Bloßstellung einhergehen kann,
ist ein Lehrer, der Gruppenarbeit beobachtet und quasi informell um Hilfe gebeten wird
20 natürlich vergleichbar mit dem Mitschüler im ersten Fall. Andererseits ist das Fragen von
Schülern nicht immer unproblematisch, wie die Lehrerbeobachtungen ebenfalls belegen.

Zusammenfassung der Selbsteinschätzungen der Schüler zur Teamarbeit:

Frage	Ø vorher	Ø nachher
Es fällt mir leicht, mir Hilfe von Mitschülern zu holen, wenn ich Fragen zu Dingen habe, die im Unterricht besprochen wurden.	4,2	4,0
Es fällt mir leicht, mir Hilfe von Lehrern zu holen, wenn ich Fragen zu Dingen habe, die im Unterricht besprochen wurden.	3,3	3,9
Ich kann außerhalb der Schule gut im Team arbeiten.	4,0	4,1
Ich kann im Unterricht erfolgreich mit meinen Mitschülern in Gruppen arbeiten.	3,3	4,1
Im Unterricht in Gruppen zu arbeiten ist anstrengender, als den Lerninhalt vom Lehrer vorgestellt zu bekommen.	4,4	3,6
Ich arbeite außerhalb der Schule gerne in Teams (Vereinsarbeit, Sport, etc.).	4,1	4,0
Ich schätze es, im Unterricht in Gruppen zu arbeiten.	2,3	3,6

Diese Werte geben jedoch eher statischen Aufschluss über eine reine Selbsteinschätzung vor und nach dem Projekt. Auch die enthaltene „Panelsterblichkeit" durch die Reduktion der Gruppe von 9 auf 7 Schüler und die damit noch kleiner werdende Stichprobe ist sicher problematisch, war aber leider nicht zu vermeiden. Wichtig ist die Auswertung der Fremdeinschätzung, die nach dem Verfahren von Klippert durchgeführt wurde:

6.2 Fremdeinschätzungen der Teamfähigkeit

Wie in Kapitel 4.2 erläutert (Seite 27), mussten die Schüler ihre Teamfähigkeit nicht nur selbst einschätzen, sondern auch mit den Einschätzungen ihrer Mitschüler vergleichen
10 und diskutieren.

Ich bat die Schüler gegen Ende des Projektes, sich zu allen Fragen, die auf Videobeamer angezeigt wurden, zunächst selbst und dann ihre Mitschüler einzuschätzen und diese Bewertungen dann in das Formular einzutragen. Dabei durften sie auch einzelne Beurteilungen auslassen, wenn sie der Meinung waren, diese Person nicht hinreichend einschätzen zu können. Danach sollten die Schüler die Selbst- und die Fremdeinschätzungen miteinander vergleichen und gemeinsame Bewertungen finden. Dies geschah in zwei Gruppen, da ich die Gruppen „Regalstation" und „Transportzug" zu einer zusammenlegen musste, da je ein Schüler fehlte. Der gesamte Prozess dauerte etwas länger als geplant und wurde durch das nahende Ende der
20 Unterrichtszeit am Ende leider stärker gestrafft als wünschenswert. Ich bemerkte eine starke Übereinstimmung der Einschätzungen und nur wenig Diskussionen zwischen den Schülern während der Phase der Konsensbildung.

Bei Vergleich der Selbsteinschätzungen fiel mir auf, dass zwei Schüler sich in dieser Selbsteinschätzung durchweg schlechter selbst einschätzten als in der zuvor beschriebenen, was durchaus Understatements zum Zweck der „Enttäuschungs- prävention" gewesen sein könnten. Die Taktik war in beiden Fällen auch aufgegangen, denn die Fremdeinschätzungen waren besser und die Gesamtbewertung der Gruppe folgte letztendlich der Fremdeinschätzung.

Sicherlich muss hier auch das Verfahren kritisiert werden, bei dem die Einschätzungen
30 (und teilweise auch die Selbsteinschätzungen) der anderen bereits sichtbar waren, als die Schüler ihre Einschätzungen eintrugen. Offenbar waren einige Schüler weniger bereit, sich grundsätzlich Gedanken zu machen und die Unterschiede anschließend zu diskutieren. Es bestand daher leider auch eine Stimmung des Abnickens, die dazu führte, dass vermutlich unangenehme Bewertungen zugunsten einheitlicher Ergebnisse unterdrückt wurden. Dies hätte durch die Verwendung individueller Bewertungsbögen statt Gruppenbögen verhindert werden können, aber da es in diesem Fall um die Beobachtung einer agglomerierten Schülerbewertung ging, verzichtete ich auf eine Wiederholung dieser „Messung". Wie Klippert betont, entstehen hier auch keine

„objektiven Urteile im strengen Sinne des Wortes."[49] Auch ist eine gewisse Übung mit diesem Verfahren natürlich eigentlich wünschenswert, aber nicht im Rahmen nur eines einzelnen Projektes erreichbar. Für den kleinen Rahmen dieses Projektes ist es sicher schon ein Erfolg, die Schüler – und auch den Lehrer – für diese Beobachtungspunkte zu sensibilisieren.

Um das Verfahren zu vereinfachen, greife ich nun drei Schüler heraus, an denen die Steigerung der Kooperationsfähigkeit gezeigt werden kann. Dies ist sicherlich nicht sehr wissenschaftlich, jedoch ist die Stichprobe von sieben Schülern[50] ohnehin bedenklich klein und einige Ergebnisse durch zu wenige Fremdeinschätzungen wenig fundiert. Von

10 den besagten Schüler, die in unterschiedlichen Gruppen gearbeitet haben, habe ich jedoch auch viele Beobachtungen selbst machen können, so dass sich die genauere Betrachtung gerade dieser Schüler ohnehin anbietet.

Selbst- und Gruppenbeurteilungen der Schüler	1		2		3	
Frage	S	G	S	G	S	G
Hilft er/sie dir und den anderen geduldig und so, dass du es anschließend verstehst?	4	5	2	2	2	3
Bringt er/sie eigene Ideen und Vorschläge ein, die dann die Gruppe voran bringen?	4	5	2	2	4	5
Bemüht er/sie sich darum, alle anderen Gruppenmitglieder in die Arbeit einzubinden?	4	5	2	2	3	3
Hört er/sie deinen Vorschlägen und denen der anderen geduldig zu und geht auf sie ein?	3	4	4	4	3	3
Kann er/sie bei unterschiedlichen Meinungen vermitteln?	4	4	2	2	3	4
Spricht er/sie Missstände an und arbeitet konstruktiv an einer Lösung	3	4	3	3	3	3
Motiviert er/sie dich und die anderen Mitglieder der Gruppe?	3	4	2	2	4	4

Zunächst lässt sich an den Werten von Schüler 1, der Mitglied der Gruppe „Regalstation" war, ablesen wie eigene Bescheidenheit und Gruppenhöchstbewertung zueinander passen: Während er sich selbst noch Raum für Verbesserung gab, kürte die Gruppe ihn bereits zum besonders wertvollen Gruppenmitglied. Dies war sicher dem geschuldet, dass er auch fachlich manch anderen voraus war und stets helfen konnte – dies aber vor allem auch regelmäßig tat.

Genau die eher mangelnde fachliche Kompetenz erklärt die eher niedrigen

20 Bewertungen bei Schüler 2. Er war oft Empfänger von Erklärungen und Hilfe und die

---

[49] KLIPPERT, S. 68.
[50] Ein Schüler hatte den Kurs verlassen, einer war nicht anwesend zum Zeitpunkt der Auswertung.

Gruppe einigte sich so schnell auf seine eigenen bereits relativ niedrigen Bewertungsvorschläge. Durch die Art der Fragestellung bleibt leider die Kompetenz, Erklärungen anzunehmen und danach produktiv für die Gruppe weiterzuarbeiten unbeleuchtet und kann nur indirekt aus der relativ hohen Bewertung bei der fünften Frage und meine Beobachtungen geschlossen werden.

Der Schüler 3 entwickelte eine hohe fachliche Kompetenz mit, mit der er die eigene Gruppe („Ladestation") oft voranbringen konnte und gegen Ende des Projektes sogar noch eine zweite Gruppe („Transportzug") wesentlich unterstützte. Die eigene Bewertung und die der Gruppe zeigen jedoch, dass im Bereich der Vermittlung weniger

10   Kompetenz vorhanden ist.

6.3 Lehrerbeobachtungen und Schülertagebuch

Die recht positive Einschätzung des ersten beobachteten Schülers lässt sich auch aus den Lehrerbeobachtungen stützen. Da die Gruppe „Regalstation" eine sehr leistungsfähige und motivierte war, hatten diese drei Schüler auch am wenigsten Vorgaben von mir erhalten. Ich konnte beobachten, wie sich die drei Schüler dieser Gruppe stets gegenseitig ermunterten und ihre Denkwege erläuterten. In dieser Gruppe konnte ich am ehesten von erfolgreichem Teamwork sprechen. Dafür sprechen drei Beobachtungen:

-    Alle drei Schüler blieben, um ihre Station selbst zu bauen. Ein Schüler brachte
20   zusätzlich ein spezielles Bauteil von zuhause mit. Nach einiger Zeit stellte sich
         heraus, dass die Konstruktion zu instabil war, weitere Stützen jedoch die
         Bewegungsfreiheit zu stark einschränkten. An der Diskussion der drei, wie sie
         diese nun verändern mussten, war deutlich zu erkennen, dass sie auch mit
         gegenseitigem Frust umgehen konnten.

-    In der Frage, wie programmiertechnisch die Lagerhaltung geregelt werden
         müsse, konnte sich die Gruppe zunächst nicht einigen und entschied, die
         Aufgaben so zu verteilen, dass ein Experte gefunden wurde, der dieses Problem
         löste, während ein anderer die Programmierung des Transmitters übernahm. Es
         blieb Schüler 1 zunächst ohne Aufgabe übrig, später wurde er jedoch derjenige,
30   der sich darum kümmerte, beide Programmkonstrukte zu vereinbaren und –
         nach dem Ausscheiden des Transmitter Experten – die Fertigstellung und
         Kommunikation mit den anderen Gruppen übernahm.

-    Die bereits beschriebene Koordinationsphase wurde maßgeblich aus dieser
         Gruppe heraus gestaltet. Nicht nur, dass Schüler 1 und der Autor der „Flash-
         Film"-Sequenz diese Phase koordinierten. Die Einhaltung der
         Kommunikationsprotokolle wurde gerade von Schüler 1 gegen Ende des
         Projektes immer wieder eingefordert. Dies war vermutlich seine wichtigste Rolle,
         denn er war es, der gegen Ende des Projektes von Gruppe zu Gruppe ging und

die Programmabschnitte mit Bezug zur Kommunikation auf Einheitlichkeit kontrollierte. In der Koordinationsphase tat er dies eher unsicher, gegen Ende des Projektes war er hingegen in seinem Auftreten sicher geworden und wurde auch als kompetenter Experte für das Thema angesehen.

In seinem Schülertagebuch finden sich hierzu zwei wichtige Einträge, die auch den eigenen Fortschritt demonstrieren. In der Stunde nach der Koordinationsphase schreibt er zur Kooperation zwischen den Gruppen: „Alle Gruppen SOLLTEN jetzt von den gleichen Tatsachen ausgehen und können das Kommunikationsprotokoll verwenden – Zahlen stehen jetzt fest – ID für Zug und Stationen sind definiert." In der Stunde nach

10   dem ersten Zusammensetzen des Systems (und erfolglosem ersten Test) schreibt er hingegen: „Fehler gefunden: der Zug verwendet falsche ID, können das erst next [sic!] Mal lösen." Und zu seinem eigenen Beitrag: „Ich konnte allen die Wichtigkeit der einheitlichen Protokolle erklären." In der unterschiedlichen Wortwahl zeigt sich auch eine Zunahme der persönlichen Verantwortung für das Projekt.

Der zweite beobachtete Schüler trat zu Beginn des Projektes kaum in Erscheinung und war sicher einer derjenigen, die fachlich und fachmethodisch am wenigsten gelernt hat. Dazu passt, dass er an mehreren Tagen im Schülertagebuch als Fortschritt nur „nichts" bzw. „kein" eingetragen hat und seine Eintragungen meist sehr kurz sind. Doch während ich ihn in der ersten Hälfte des Projektes oft dabei beobachten musste, wie er sich mit

20   Kleinigkeiten beschäftigte, die der Gruppe nicht förderlich waren, begann er in der zweiten Hälfte, zunehmend die anderen Schüler um Erklärungen zu bitten und folgte dem Projekt aufmerksam. Ich vermute, dass er in der ersten Phase die Gruppenarbeit vor allem als Möglichkeit sah, selbst nicht arbeiten zu müssen, ohne deswegen eine schlechte Zensur zu riskieren – ein Verhalten, das durch den jahrelang geübten Unterrichtsalltag verständlich ist. Später antwortete ein Mitglied seiner Gruppe auf die Kritik, dass der Transportzug am wenigsten weit programmiert sei, dass man eben oft nur zu zweit oder allein arbeite. Diese unangenehme Situation scheint ein Wendepunkt gewesen zu sein, denn nach dieser begann dieser Schüler zumindest stets bei seiner Gruppe zu sitzen und dem Geschehen zu folgen. Mit Hilfe von Schüler 3 holte diese

30   Gruppe dann schließlich auch den Rückstand auf.

Eben diesen Schüler konnte ich in sehr unterschiedlichen Situationen beobachten:

-   In einer Phase der Zusammenarbeit mit Schülern seiner eigenen Gruppe versuchte er einen gerade fertig gestellten Teil des Quellcodes zu erläutern. Ich hatte die Situation eigentlich nicht beobachtet und wurde erst durch seinen etwas unwirschen Kommentar auf die Situation aufmerksam: „Mann, ich kann dir das nicht besser erklären – ich bin doch kein Lehrer!" Danach blickte er erst genervt zu mir, dann, als ich keine Anstalten machte, ihn zu erlösen, begann er aber doch mit einer erneuten Erklärung. Unabhängig davon, ob er zurecht vom

geringen Maß an Verständnis oder Motivation seiner Gruppe frustriert war oder nicht, so hat er doch mit der Änderung des Verhaltens seine Rolle auch zukünftig stärker wahrgenommen als bis dahin: Er war der leistungsfähigste Schüler in seiner Gruppe und Teamfähigkeit bedeutete in seinem Fall eben sein Wissen den anderen zugänglich zu machen. Die spätere Unterstützung einer anderen Gruppe zeigt den großen Schritt, den er insgesamt gemacht hat.

- Er hatte leider den aktuellsten Stand der Programme der Ladestation stets in seinem persönlichen Bereich im Schulnetzwerk gespeichert, was dazu führte, dass seine Gruppe nicht weiterarbeiten konnte, als er einmal fehlte. Als dies
10 einer anderen Gruppe später auch passierte, war er derjenige, der den fehlenden Schüler verteidigte, indem er daran erinnerte, dass dies keine böswillige Absicht sei und die andere Gruppe sich ja in der Stunde auch mit der sinnvollen Kommentierung der fertigen Programmteile beschäftigen könne, wie seine eigene das auch gemacht hatte. So gesehen hatte die ursprüngliche Frustration ein relativ Konflikt entschärfendes Verhalten zur Folge.

- In seinem Schülertagebuch findet sich ein bezeichnender Eintrag: „Ich musste heute die Gruppe leiten! TOLL!" Gemeint war sein Vorsitz in der Runde der Statusberichte. Für seine zurückhaltende Art (auch während dieser Runde) ist es positiv überraschend, dass er dies mit „TOLL" beschreibt.

20 Dieser Schüler wird sicher so leicht nicht die Führung in größeren Gruppen übernehmen, aber zumindest war er im Rahmen dieses Projektes gefordert und entwickelte seine Kompetenz in diesem Feld weiter.

6.4 Gesamtergebnis

Die drei herausgegriffenen Schüler stehen hier nur exemplarisch für viele weitere Beobachtungen. Nicht immer war ein Fortschritt so klar zu erkennen, wie in den angesprochenen Beispielen. Aber ein letztes Kriterium war natürlich, dass das gesamte automatisierte Regallager am Ende funktionierte – zumindest mit kleineren Hilfen: Mal fuhr der Zug ein kleines Stück zu weit, so dass sich das Objekt zwischen den Ladebändern verhakte; mal griff der Ladearm der Regalstation ins Leere; mal fiel ein
30 Objekt ins Leere. Jedoch waren die Schüler und ich insgesamt zufrieden, dass eine erste Version der Software entwickelt worden war. Gerade auch durch die Fragebögen war den Schülern die Bedeutung der Gruppenarbeit und einiger Kompetenzen, welche diese begünstigen, besonders bewusst geworden. In der Abschlussbesprechung mit den Schülern fiel das Wort Kommunikation besonders oft. Die Bedeutung der effizienten, klaren und richtigen Kommunikation war allen Schülern besonders bewusst geworden. Sich selbst effizient mitteilen zu können, anderen vollständig und ohne Unterbrechung zuhören zu können und gegebenenfalls jegliche Schuldzuweisungen unterlassen zu können, hielten sie für die wichtigste Fähigkeit bei ähnlichen Projekten.

7. FAZIT UND ZUKUNFTSMUSIK

Kooperation und Vermögen

Die Beobachtungen zeigen mir, dass die Schüler in unterschiedlichem Ausmaß und auf verschiedenen Ebenen gelernt haben. Die drei exemplarischen Schüler machen unterschiedliche Dimensionen deutlich, in denen die Schüler während dieses Projektes – neben anderen – gelernt haben. Alle Schüler mussten mit einer Gruppensituation zurechtkommen, in der sie nicht einem Lehrer als Taktgeber folgen konnten, sondern sich mit gleichberechtigten Partnern auseinandersetzen mussten. Die Gruppen mussten sich zu einem großen Teil zunächst selbst organisieren und dafür Aufgaben definieren

10   und zuteilen. Dabei mussten die Schüler einander zuhören und interagieren, Aussagen korrigieren und Pläne revidieren, neue Probleme erkennen und neue Aufgaben verteilen. Einige Schüler konnten dabei mehr als andere ihre Führungsrollen üben, andere haben zunächst gelernt, produktiver Bestandteil einer Arbeitsgruppe zu werden, oder dass sie mit Konzentration auf die Sache zu leicht die „Mitarbeiter" übersehen und den Umgang mit diesen üben müssen. Selbstorganisation und Feedback unter gleichen waren ebenso Bestandteil des Lernerfolges wie Präzision in der Absprache und Erläuterung für den andern.

Die Auswertung der Fragebögen zeigt, dass sich diese Lernerfolge über die gesamte Lerngruppe erstrecken. Persönlich empfinde ich es als größte Genugtuung, dass

20   Gruppenarbeit als weniger anstrengen bewertet wurde als vor dem Projekt. So gesehen geht zumindest einiges an Erfahrung in das Kompetenzvermögen der Schüler über – in kleinen Tropfen, aber die höhlen ja bekanntlich den Stein.

Des einen Schülers Freud – des andern Schülers Leid

Die Auswertung der Schüler ergab viel positive Rückmeldung. Zunächst war das Projekt für sie attraktiv, da sie endlich mal Programme schreiben konnten, deren Wirkung nicht nur auf den Bildschirm beschränkt blieb. Auch die Organisation in den Arbeitsgruppen wurde als spannend empfunden, weil sie diese Art der Arbeit,

-      über die lange Dauer
-      in den eigenständigen Arbeitsgruppen und

30   -   mit den regelmäßigen (Dienst-) Besprechungen

als realistisch für das Arbeitsleben einschätzten.

Aber die Schüler sprachen auch einige Kritik deutlich an. So empfanden einige die Phase der Einarbeitung als zu lang und das Programmgerüst als zu anspruchsvoll. Sie hätten lange nicht verstanden, was sie hätten tun sollen, dabei dann nichts gelernt und hätten sich eine Einweisung durch den Lehrer erhofft.

Dabei war die Schülermeinung nicht unbedingt einheitlich: Einige fanden es positiv, dass das Projekt über einen langen Zeitraum ging, andere fanden das ungünstig. Einige empfanden die Gruppenarbeit als herausfordernd, andere als anstrengend. Mir wurde

unangenehm deutlich, dass es vor allem die schwächeren Schüler waren, welche die negativen Kritikpunkte nannten. Hier sehe ich das wohl größte Verbesserungspotential des Hochregallagerprojektes: Für schwächere Gruppen gestaffelte Hilfeleistungen in Form von weiteren Strukturierungshilfen (z.B. Programmablaufplänen), angepassten Programmgerüsten (z.B. inkl. einer nur zu adaptierenden Lösung für die Kommunikation zwischen den Stationen) oder stärkerer Einflussnahme in die Gruppenstruktur (z.B. Zuweisung von Helfern oder Gruppenumbildungen).

Nach der Unterrichtsstunde ist vor der Unterrichtsstunde

Für mich als Lehrer war das Projekt eine Unterrichtsreihe, die sehr viel

10   Vorbereitungszeit für

- methodische Entscheidungen,
- Einarbeitung in LEJOS u.a.,
- Vorbereitung der Software im Rechnerpool,
- Programmieren und Kommentieren der Vorgaben und
- Erstellen der Aufträge, Fragebögen etc.

erfordert hatte. Gleichzeitig war die Unterrichtszeit oft angenehm, da ich aus dem Zentrum der Aufmerksamkeit entweichen konnte und oft nur mit drei Schülern beschäftigt war. Gleichzeitig war dies nur eine Lerngruppe unter vielen, die ich in der Zeit betreute und diese hatte viele meiner zeitlichen Ressourcen gebunden (nicht zuletzt

20   durch das Schreiben dieser Arbeit). In der Nachbereitung mussten die Stationen wieder abgebaut werden und in Bauteile auf die vier Kästen des LISUMs aufgeteilt werden. Bereits während dieser Arbeit hatte ich jedoch schon wieder einige Ideen für Nachfolgeprojekte, so dass ich schnell wieder in der Vorbereitung war.

Kürzer, kleiner, kompakter?

Der zeitliche Umfang des Projektes war größer als ursprünglich geplant. Einerseits durch technische Probleme verursacht, andererseits kamen am Schuljahresende zunehmend Ausfälle dazu, so dass die letzte Phase erst im neuen Schuljahr stattfinden konnte, was die Fertigstellung durch die lange Pause erneut verzögerte. Aber der vorgegebene Rahmen ließ den Schülern auch viel Freiraum – vielleicht zu viel.

30   Jedenfalls könnte man ein ähnliches Projekt auch in kürzerem Zeitrahmen durchführen, wenn z.B.

- die einzelnen Stationen bereits fertig gebaut,
- die Warteschleifen bereits implementiert sind,
- die Stationen bereits fertig programmiert sind und nur neue Anforderungen umgesetzt werden müssen oder
- das Kommunikationsprotokoll vorgegeben wird.

Je nach Vereinfachung fällt dann allerdings auch das ein oder andere Lernziel aus der Zielvorstellung heraus. Als Alternative stellt eine Projektwoche natürlich ausreichend viel

Zeit zur Verfügung, die noch dazu effizienter genutzt werden könnte, da die Schüler nicht nach 90 Minuten sämtliche Überlegungen einstellen und sich mehrere Tage später erneut hineindenken müssen. Diese Überlegung geht allerdings davon aus, dass „normaler" Unterricht in den üblichen 45 bzw. 90 Minuten-Einheiten und nach wöchentlich gleichem Schema statt findet. Vielleicht wäre es sinnvoller, über diese Restriktion nachzudenken, denn wenn die Schüler nicht nach 90 Minuten zum nächsten Unterricht müssen, sondern sich länger mit Themen beschäftigen, so ist eine effizientere Arbeit vorstellbar, die auch der Berufswelt viel eher entsprechen würde. Aber das ist genau das Thema, das ich in dieser Arbeit nicht behandeln konnte…

10 **Kooperationsvermögen in der Zukunft**

Die Reaktionen der Schüler auf das Projekt haben mir gezeigt, dass die Schule gut daran täte, Gruppenarbeitsformen zu trainieren, denn Schüler sind nicht auf diese Arbeitsform vorbereitet: die Phase der Selbstorganisation dauert zunächst sehr lange an, ehrliche Auswertung und gegenseitiges Feedback sind ungewohnt, Schüler benötigen viel Aufforderung und vermögen nur bedingt, sich ohne Lehrer Hilfe zu holen – eigentlich genau das, was die „allgemeine Hochschulreife" auch beinhalten sollte. Darum habe ich für meine zukünftige Arbeit in der Schule einen Aspekt gefunden, den ich verstärkt beobachten möchte. Vieles von dem, was Klippert und Meyer über Gruppenarbeit in der Schule geschrieben haben kann ich in meinem Projekt wieder

20 finden, insbesondere, dass Gruppenarbeit mit Schülern geübt werden muss. Dies möchte ich in meiner Unterrichtsplanung in naher Zukunft verstärkt tun, in Geschichte wie in Informatik, in der Sekundarstufe 1 wie in der Oberstufe.

LEGO Roboter sind dabei ein gutes Operationalisierungsobjekt, da der Motivationsschub unverkennbar ist und nur darauf wartet, instrumentalisiert zu werden. Dabei sind kleinere Projekte und Programmierübungen im Anfangsunterricht ebenso denkbar wie eine Neuauflage mit dem Hochregallager unter Nutzung all der erarbeiteten Materialien und Programmgerüste.

So bleibt mir nur festzuhalten, dass die viel genannte Motivation der LEGO Roboter im Informatikunterricht nicht nur auf die Schüler gewirkt hat, sondern eben auch auf mich –

30 ich freue mich auf die nächste Unterrichtsreihe, bei der ich damit arbeiten kann. Und mit anderen Kollegen dabei zu kooperieren wäre sicher noch eine wichtige Erfahrung…

8. VERWENDETE LITERATUR

+ ABEND, Michael: Robotik und Sensorik. Selbständige Entwicklung „unscharfer" Algorithmen zur räumlichen Orientierung (unter Verwendung des LEGO Mindstorms Systems). Schriftliche Prüfungsarbeit zur zweiten Staatsprüfung für das Amt des Studienrats, Berlin 2001. Diese Arbeit steht im Downloadbereich des Fachseminars Informatik zur Verfügung, siehe Anhang.

+ BRÜNING, Ludger: Erziehungsziel Kooperation. Soziale Voraussetzungen für Kooperatives Lernen schaffen, in: Pädagogik 9/04.

+ Senatsverwaltung für Schule, Jugend und Sport: CURRICULARE VORGABEN für die gymnasiale Oberstufe. Informatik. Gültig ab Schuljahr 2005/2006, zu finden unter http://www.senbjs.berlin.de/schule/rahmenplaene/curriculare_vorgaben/cv_infor matik.pdf (gelesen am 20.06.2005).

+ EDELSTEIN, Wolfgang: Schule als Lernwelt und als Lebenswelt, Vortrag am Lycée Aline Mayrisch, Luxemburg, am 22. November 2002, zu finden unter www.laml.lu/data/Schule_als_Lernwelt_und_Lebenswelt.pdf (gelesen am 12.08.2005). Dieser Vortrag steht im Downloadbereich des Fachseminars Informatik zur Verfügung, siehe Anhang.

+ KLAFKI, Wolfgang: Studien zur Bildungstheorie und Didaktik, Weinheim u.a. 1985, S. 248 ff.

+ KLIPPERT, Heinz: Teamentwicklung im Klassenraum. Übungsbausteine für den Unterricht, Weinheim u.a. 1998.

+ KOERBER, Bernhard: Gedankenblitze zum Anfassen, in: LOGIN 134 (2005), Berlin 2005, S. 66-68.

+ LANDOLT, Thomas: Verhaltenssimulationen mit einem LEGO-Roboter, in: Unterricht Biologie 293 (2004), Hannover 2004, S. 36-44.

+ MAGENHEIM, Johannes, und SCHEEL, Olaf: Zugänge zur Softwaretechnik, in: LOGIN 134 (2005), Berlin 2005, S. 39-44.

+ MEYER, Hilbert: Unterrichtsmethoden. II: Praxisband, Berlin 1987

+ Senatsverwaltung für Schule, Jugend und Sport: Vorläufiger RAHMENPLAN für Unterricht und Erziehung in der Berliner Schule. Gymnasiale Oberstufe. Fach INFORMATIK, Berlin 1997.

+ SCHREIBER, Rafael: Der Einsatz von LEGO Mindstorms im Informatikunterricht der 11. Klasse der Leonard-Bernstein-Oberschule. Sicherung und Transfer grundlegender algorithmischer Strukturen in NQC. Schriftliche Prüfungsarbeit im Rahmen der zweiten Staatsprüfung für das Amt des Studienrats, Berlin 2004. Diese Arbeit steht im Downloadbereich des Fachseminars Informatik zur Verfügung, siehe Anhang. Eine Kurzfassung seiner Arbeit findet sich weiterhin in: LOGIN 134 (2005), Berlin 2005, S.30-38.

+ T<small>EMPELHOFF</small> (1), Anja: RoboCup Junior 2005, in: LOGIN 134 (2005), Berlin 2005, S.6-7.

+ T<small>EMPELHOFF</small> (2), Anja: Robotik in der Sekundarstufe I. Möglichkeiten und Probleme der Unterrichtspraxis, in: LOGIN 134 (2005), Berlin 2005, S.23-29.

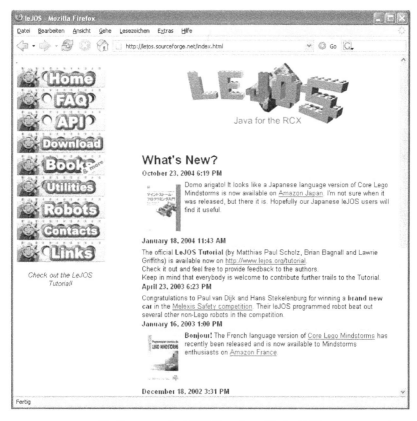

Die Homepage der LEJOS Umgebung für den RCX

9. ANHANG

Die meisten verwendeten Materialien sind inhaltlich in der Arbeit selbst enthalten (z.B. in Form der Arbeitsaufträge oder in Form der Fragen für die Schülertagebücher). Alle diese Materialien befinden sich aber auch als Textdatei auf dem BSCW Server (www.schule.de → BSCW lokal → Fachseminar Informatik → öffentlicher Bereich → Examensarbeiten) bzw. in den angegebenen Quellen. Dort finden sich auch die Quelltexte der Programmgerüste, die den Schülern zur Verfügung gestellt wurden. In wenigen Fällen wurden diese Quellen bereits leicht überarbeitet. Ebenfalls auf dem BSCW Server zu finden sind die beiden Arbeiten von Michael Abend und Rafael

10 Schreiber, sowie der Vortrag von Wolfgang Edelstein.

Hinter der folgenden Erklärung finden sich noch zwei Originalseiten aus den Schülertagebüchern.

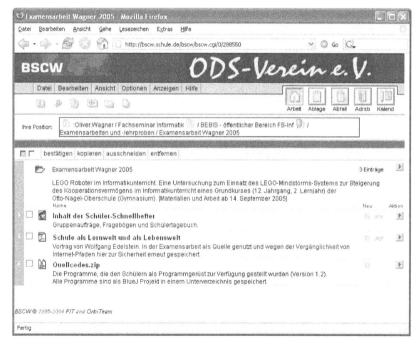

BSCW Server mit Dateien, die eine Wiederholung und Weiterentwicklung ermöglichen.

www.ingramcontent.com/pod-product-compliance
Lightning Source LLC
LaVergne TN
LVHW092341060326
832902LV00008B/754